JN050073

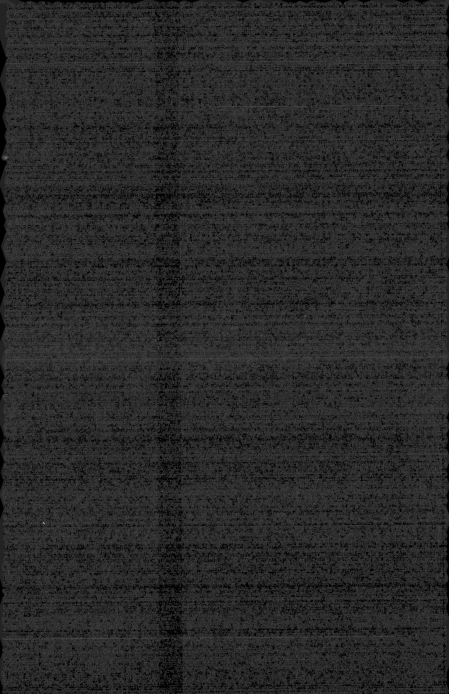

シリアルアントレプレナー 連続起業家

牧田彰俊 MAKITA AKITOSHI

幻冬舎MC

シリアルアントレプレナー

連続起業家

SERIAL
ENTREPRENEUR

はじめに

本書は、最近広く知られるようになってきた「連続起業家」という生き方についてご紹介するとともに、企業経営者が連続起業家を目指すためのヒントをまとめたものです。

時代の波に乗りながら事業を成長させて売却（イグジット）し、その資金を元手にして新しい事業を開拓する、これを繰り返しながらどんどん事業を拡大していくのが連続起業家のスタイルです。

例えば、ＰａｙＰａｌでの成功を皮切りに、ＥＶのテスラ、そして宇宙事業のスペースＸと、次々と新しい領域で事業を成功させているイーロン・マスク氏などは、世界的な連続起業家の代表だといえるでしょう。

連続起業家が注目されるようになってきたことには、次のような背景があります。

ビジネス環境や市場動向の変化のスピードがますます早くなっているなか、事業を０から１まで育てスタートアップを成功させることと、１から１００まで成長させていくこととでは、求められる資質や能力が大きく異なります。

大企業は一般的に、後者の面は得意でも、０→１は苦手です。そういった企業にとっては、０→１が得意な起業家が１まで育てた事業の「芽」を次々に買い、あとは自分たちで大きな100規模の成木まで育てるというやり方のほうが、新しい環境へ迅速に適応しやすく理にかなっています。

一方、0→1が得意な起業家にとっては、苦手な1以後の組織拡大フェーズを自分で担うよりも、それを得意とする者にバトンタッチして自分は新たな事業にトライするほうが好都合です。

このように、「0→1」事業の買い手と売り手双方の売買ニーズの高まりと並行して、それをマッチングさせるM&A市場も急速に拡大しています。

かつては、中小企業の会社売却といえば、経営に行き詰まった会社の「身売り」「救済」といったネガティブなイメージが中心でしたが、いまや新たな成功事業の「芽」を売買する場という役割が大きくなっています。

つまり、①事業環境変化の加速による0→1起業ニーズの増大、②中小企業も含めたM&A市場の拡大・一般化、という2つの大きな変化を背景として、近年、連続起業家という生き方を選ぶ人が急速に増えているのです。

とはいえ、連続起業家にもさまざまなタイプがあります。イーロン・マスク氏のように、世界を大きく変えるような事業を成功させることを目的として、数兆円、数十兆円という天文学的な資産を築くことになるタイプもいるでしょう。あるいは、IPO（新規株式公開）が見込めるような会社を育てながら、あえてＩＰＯを目指さずにＭ＆Ａで売却（イグジット）して、その資金を別事業へ投資する起業家もいるでしょう。

一方では、人気のあるＷｅｂサイトやＷｅｂサービスを起ち上げて、数千万円で売却することを繰り返すといったタイプもいます。ミニマムサイズなら、数百万円のイグジットもあり得ます。

規模の大小はさておき、一度イグジットを成功させたという事実は、その起業家にとって大きなブランド価値をもたらします。

なぜなら、日本には、現在３００万社以上の中小企業がありますが、その中で事業や会社を売却できる、つまりお金を出して買ってもらえるだけの事業価値（保有資産の価値は除いて）をもつ会社は、おそらく少数派ではないかと推察されます。それほど「買ってもらえる事業」をつくることは難しく、それゆえ、イグジットを成功させた実績が高く評価されるのです。

イグジットを成功させた起業家は、売却資金を得られるだけではなく、「イグジットを成功させた人物」という評価によって優秀なビジネスパートナーや社員、またベンチャーキャピタルなどからの投資資金が集まりやすくなります。そして、それらのリソースが集まることにより、次の事業でのさらに大きな成功に近づきやすくなるという好循環が生まれるのです。

このように、連続起業家への道を歩むためには、なにはともあれ最初にM&Aイグジットを成功させることが重要な第一歩となります。その際、なにをもってイグジットの「成功」とするかは、経営者の考え方によっても異なりますが、一般的には、より高い売却価格で、希望のタイミングで売却できることが「成功」の大きな要素になるでしょう。

私は、監査法人トーマツを皮切りに、デロイト トーマツ ファイナンシャルアドバイザリー合同会社でM&A業務に携わり、2018年に独立して、M&Aアドバイザリー会社の株式会社すばるを設立しました。前職から現在に至るまで、150件を超えるM&Aプロセスをサポートし、数え切れないほどのM&Aに関する相談を受けてきました。そのなかで、イグジットに成功しやすい事業や会社のタイプ、その逆のタイプがあることを見てきました。

ただし、その成功しやすさは、固定的なものではありません。現状ではイグジットの成功が難しそうな会社でも、それを良い方向に変えていくことは可能なのです。また、M&A市場全体の動向や、その時代ごとに求められやすい業種の流行など、外部環境の変化もあります。

もしあなたが連続起業家を目指すのであれば、まずは現在経営している事業や会社をイグジットの視点からチェックし、改善できるところがあれば改善してイグジット成功に結びつきやすい事業、会社へと鍛え上げることが、最初に取り組むべきポイントになるでしょう。

そのうえで、適切なタイミングを計り、経験豊富なアドバイザーの協力を得てM&Aを進めれば、成功の可能性は飛躍的に高まります。

本書では、私たちが関与させていただいた連続起業家の方々の実例をご紹介してその魅力を確認していただくとともに、読者の皆さま方自身がイグジットを成功させて、連続起業家として成功するためのプロセスを解説しました。

実は私自身、まだ大学生だった20歳のころに、いくつかの事業を興した経験がありま す。結果的には、それらの事業は失敗に終わったのですが、その失敗の経験を通じて、起業家として自分になにが足りないのか、成功するためにはなにが必要なのかを真剣に考えるようになりました。それが、のちに公認会計士の資格を取り、コンサルティングファームでM&A関連の仕事をすることにつながっています。

起業にはリスクがあり、ある程度の確率で失敗は生じます。その失敗を恐れてばかりいては、成功への道に踏み出すこともできません。しかし、避けられる失敗なのであれば、それはできるだけ避けたほうがいいことも間違いありません。本書では、私自身の失敗経験も踏まえ、失敗しない起業のための考え方についても、できるだけ触れたつもりです。

ぜひ本書を参考にして連続起業にトライし、大きな成功への歩みを進めてください。

第1章

マネーリッチ、タイムリッチ、フレンドリッチ
会社を売って人生を楽しみ尽くす「元・経営者たち」

第2章 会社の売却益で起業して、また売却して起業して……

脚光を浴びる「連続起業家」という生き方

第3章

連続起業家への第一歩
事業の価値を高め、高額イグジットを目指せ

第4章

事業の売り時を見極めろ

戦略的M&Aで高値売却を成功させる

第5章
経営者から連続起業家へ――
高額売却の経験を活かし、新たな〝売れる事業〟を創れ

マネーリッチ、タイムリッチ、フレンドリッチ

会社を売って人生を楽しみ尽くす「元・経営者たち」

第1章

テスラの衝撃

2020年6月、米国のEV（電気自動車）メーカー、テスラの株式時価総額がトヨタ自動車を追い抜いたという衝撃的なニュースが報じられました。

株式時価総額は、株式市場が評価した価値だといえるので「テスラはトヨタ自動車よりも価値が高い企業だ」と、市場からは評価されるようになったということです。

ちなみに、日本国内ではトヨタ自動車が最も時価総額が高い企業です。つまり、日本にはテスラよりも価値が高い企業が1社もない、と株式市場は判断していることになります。

さらに驚くべきことは、テスラの創業は2003年であり、わずか17年の歴史しかもたないベンチャー企業だということです。

そしてもうひとつ、テスラのCEO（最高経営責任者）であるイーロン・マスク氏が、決してテスラ一筋に人生を捧げてきた経営者ではなく、テスラには出資により途中から参画している「連続起業家」である点も注目されています。

南アフリカで生まれたイーロン・マスク氏は、10歳からプログラミングを学び、12歳で最初に自作の商業ソフトウェアを販売したそうです。その後、米国・スタンフォード大学の大学院に進みますが、そこを中退して弟と一緒にソフトウェア会社のＺｉｐ２社を興します。また、その数年後には、ＰａｙＰａｌ社の前身となるＸ．ｃｏｍ社の共同設立者になります。Ｚｉｐ２社はコンパックに、Ｘ．ｃｏｍ社はＰａｙＰａｌ社になってからｅＢａｙに、それぞれ買収されます。２社のイグジットにより、マスク氏は18億ドル（２１０億円※）以上の現金を得ることができました。（※1ドル＝１０５円で計算）。

その後は、宇宙開発のスペース・エクスプロレーション・テクノロジーズ社（スペースＸ社）を起業し、さらにテスラ社に出資して会長兼ＣＥＯに就任しています。どちらの会社も華々しい成果を上げていることは周知の事実です（のちにテスラ会長は辞任）。この２社は特に有名ですが、実は、さらにその後もマスク氏は複数の会社を起ち上げ、成功させています。

その結果、マスク氏の個人資産は約１９００億ドル（約20兆円）という途方もない規模になっていると報じられています。

現時点においては、世界で最も成功している連続起業家が、マスク氏だといえます。

日本でも増えている連続起業家

マスク氏ほどの規模ではありませんが、連続起業家としての成功事例は日本でも増えてきています。

例えば、家入一真氏は日本でもトップレベルの連続起業家です。2001年、22歳で合資会社マダメ企画を設立。その事業を引き継いだpaperboy&co.を2003年に設立しますが、同社はGMOへ一部イグジットしてグループ入り後、2008年にジャスダック市場に上場しました。当時代表取締役だった家入氏は29歳で、史上最年少でのジャスダック上場となりました。その後、株式会社パーティカンパニーの設立を経て、株式会社ハイパーインターネッツ（現・株式会社CAMPFIRE）を設立し、CAMPFIREのサービスにより、日本におけるクラウドファンディング普及の立て役者となります。

さらにその後もいくつかの会社を設立していますが、2012年に設立したBASE株式会社は、2019年にマザーズに上場しています。自分でゼロから起業した会社を2社IPOさせた起業家は、希有な存在です。

また、メルカリの創業者であり代表取締役CEOである山田進太郎氏も典型的な連続起業家です。2001年、24歳でウノウ株式会社を設立。9年後の2010年にM&Aイグジットし、その資金を元手に2013年メルカリを設立します。その後、メルカリは2018年マザーズ市場に上場を果たしました。

さらに、ZOZOTOWNを運営する株式会社ZOZOの創業者前澤友作氏も、ヤフーからの株式公開買付に賛同して保有株式の一部を売却イグジットして社長を退任、その後新会社を設立しているので、連続起業家と呼べるでしょう（ただし、前澤氏は現在もZOZOの筆頭株主なので、完全なM&Aイグジットではありませんが）。

また、これらの方々ほどの一般的な知名度はなくても、スタートアップ界隈ではだれもが知っている成功した連続起業家は、名前を挙げればきりがありません。

連続起業とM&Aイグジットとは

有名な連続起業家の実例を見てきましたが、そもそも連続起業家とはどういう意味でしょうか。

それを説明する前に、「イグジット」について説明しておきます。イグジット（Exit）

は「出口」という意味ですが、金融や投資の業界では、投資した対象を売却して投資資金を回収することを意味します。そこで自己資金と労力を投じて会社を起ち上げた起業家が、Ｍ＆Ａでその会社（株式、または事業）を売却することを、イグジットと呼ばれます。またＩＰＯ（新規株式公開）は、既存の経営者がそのまま経営を続けることが普通なので、Ｍ＆Ａによる会社の売却とは意味が異なりますが、ＩＰＯにより起業家の保有株式価値が増大し、また、場合によっては株式市場などで持株のいくらかを売って現金化することも、やはりイグジットと呼ばれます。

いずれにしても、イグジットにより、起業家の手元には多額の資産が残ります。

次に連続起業家の意味ですが、広義では「2回以上会社を創業している起業家」ということになるでしょう。ただし、この定義だと、含まれる範囲が広がりすぎて語義がぼやけてしまいます。

なぜなら、日本の多くの中小企業では、ある程度の規模になると主に節税的な観点などから子会社や関連会社を設立しますし、事業会社とは別に社長個人の資産管理会社をつくることも珍しくありません。広義ではそのようなケースまで連続起業に含まれてしまうことになります。

さらに、上場企業になれば複数の会社を起ち上げていないケースのほうが珍しいので、上場企業の創業経営者はほとんどが連続起業家ということになってしまいます。

そこで本書では、狭義の連続起業家として、「自分で起業した会社（または事業）をイグジットして、その売却資金を元手にして別の事業を興すという形で連続的に起業をして成功させている人」を指すことにします。この場合のイグジットは主にM&Aが想定されますが、ＩＰＯでイグジットして、その後に創業企業の代表などを退任して、別会社を創業しているようなケースも含めてよいでしょう。

もちろん、そのようにして起業とイグジットを繰り返す場合に、すべての会社、すべての事業を成功させることは難しいことです。そこで、失敗を含めながらも起業を繰り返し、総体としては事業価値や保有資産を増やしているのが連続起業家のイメージです。

また、創業した会社の株式を売却して株主ではなくなっても、経営者として関与を続けながら、別の会社を起ち上げるという場合もあるので、同時に複数の事業・会社を運営することがないわけではありません。イグジットを経ているのであれば、創業した会社から完全に離れてしまってから別の会社を起ち上げているケースではなくても、連続起業に含めて考えてよいと思います。

逆に、ある会社の創業社長が、新規事業を起ち上げる際に、子会社や関連会社を設立することはよくあります。

しかしその場合、既存の会社のイグジットで得た資金で新事業を起ち上げたわけではないので、狭義の連続起業家には含めることはできないと思います。

例えば、Ａｍａｚｏｎの創業者であり現ＣＥＯであるジェフ・ベゾス氏や、Ｆａｃｅｂｏｏｋの創業者であり現ＣＥＯのマーク・ザッカーバーグ氏なども、世界トップレベルの経営者ですが、それぞれの祖業の経営に関与し続けているので、連続起業家とは呼ばれないでしょう。

一方、ベソス氏やザッカーバーグ氏などと異なり、マスク氏は、何度かのイグジットを経てより大きな事業にトライしてきた連続起業家です。連続起業家として、時価総額が世界トップテンにランクインする企業を育てたという点が非常に希有であるため、現代の経営者像の象徴ともとらえられているのです。

M&Aイグジットをめぐる日米の差

米国では、もともとM&Aイグジットが盛んです。

特に、いわゆるＧＡＦＡＭ（Ｇｏｏｇｌｅ、Ａｐｐｌｅ、Ｆａｃｅｂｏｏｋ、Ａｍａｚｏｎ、

Microsoft）やSalesforce.comなどの巨大テック企業が世界的な規模でのデファクト化、寡占化を進めた結果、テック系やコンテンツ系の企業においては、IPOをしてそれらの巨大企業と同じ土俵で戦うよりも、巨大企業に買ってもらえる企業をつくることが、起業家の主流の目標になっています。

また、株式市場から得られた多額の資金を背景に、GAFAMの企業買収意欲も旺盛で、これまでにAppleは70社以上、Googleは200社以上、Amazonも80社以上など、各社ともに多くの企業をM&A買収しています。それらの中には、FacebookによるInstagramの買収やGoogleによるYouTubeの買収といった買収金額が数十億ドル（数百億円〜数千億円）になるものから、最近話題になったSalesforce.comによるSlackの買収など、買収金額数百億ドル（数兆円）規模に上る、超大型買収案件も含まれています。

一方、第2次大戦後の高度経済成長期からおおむね2000年頃までの長期間にわたって、日本ではM&Aの件数は少数でした。これにはさまざまな理由が考えられると思いますが、旧財閥グループにおける金融機関を中心としたコングロマリット、いわゆる「系列」が形成されていたことや、日本的雇用形態などの企業文化が形成されていたことも理由の一つでしょう。

会社を「家」になぞらえてとらえるような、日本の企業文化においては、会社の売買は、あたかも家族を売買するような後ろめたさが伴うものだと思われていました。そのため、経営がどうにも立ち行かなくなった企業が泣く泣く身売りする、あるいは、外資などの「乗っ取り屋」が強引に経営権を掌握しようとするというのが、日本で長い間もたれていたM&Aのイメージでした。

そのため、そもそもM&Aイグジットを目標として、他社に買ってもらうために起業をするといった発想をもつ人も非常に少数派であり、ひいてはM&Aイグジットを前提とした連続起業家という存在も決して社会のメジャーではあり得なかったのです。

日本でM&Aが拡大している背景

ところが、ここ10年ほどでその環境は大きく変わりました。日本でもM&Aの件数はおおむね右肩上がりで増加しており、それにつれて、M&Aイグジットに対するイメージも変わりつつあります。

1985年以降のマーケット別M&A件数の推移

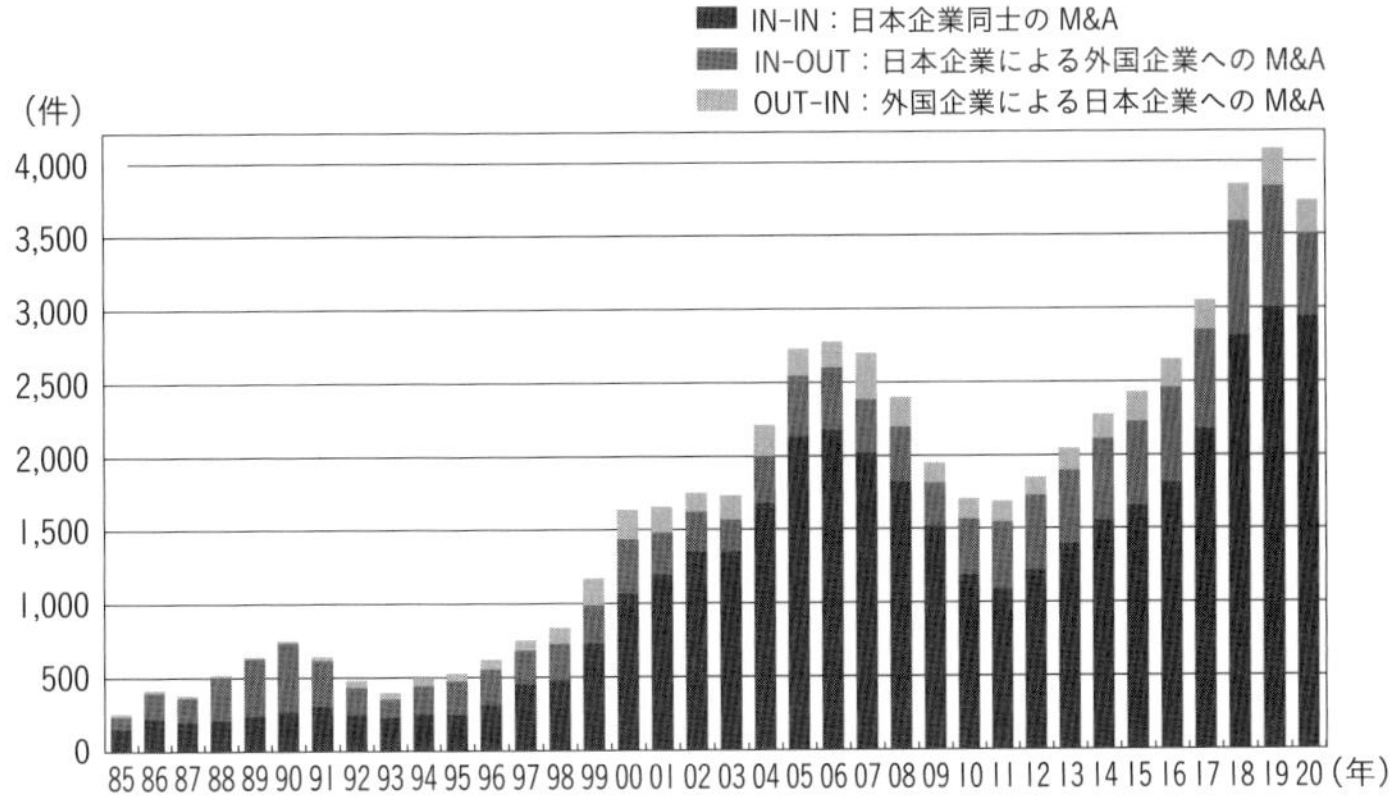

出典：レコフデータ「マールオンライン」調べ（https://www.marr.jp/genre/graphdemiru）

その背景には、大きく４つの理由があると考えられます。

１つめの理由は、マクロ経済的な事業環境や産業構造の変化を背景として、需要サイド、つまり買収をしたい企業が増えているという点です。

M&A買収ニーズの増加も、いくつかの観点からとらえることができます。まず、ＩＣＴ（情報通信技術）やＩｏＴ、ＡＩの急速な進歩や、それらをビジネスに応用してビジネスモデルの革新を図るＤＸ（デジタルトラスフォーメーション）の進展があります。さらに足元ではコロナ禍を経た「新しい生活様式（ニューノーマル）」下での、消費者の行動様式の変化、テレワークやジョブ型雇用の推進などの雇用環境・就労環境の変化なども、急速かつ広範囲で進展しており、企業の外部環境、内部環境に急激な変化をもたらしています。

このような環境変化が激しい時代には、自社内で長い時間をかけて一つの事業を少しずつ育てていくよりも、ある程度育っている事業の「苗」を見つけて購入し、それを促成するほうが変化への対応がしやすいという、買い手側の事情があります。日本の多くの大企業も先に述べたように、大量のM&A買収をしているGAFAMのようになってきているということです。

また、かつて世界トップだった日本の半導体産業が、韓国や台湾に完全に市場シェアを奪われてしまったことに端的に表されているように、「失われた30年」ともいわれる平成バブル崩壊以降の低成長・マイナス成長時代を経て、多くの日本の産業は国際競争力を失いました。その要因の一つには、人材リソースにおいて日本型雇用慣行と表裏一体となった自前主義があったと考えられています。日本型雇用慣行は、かつては日本企業の強みの源泉だと評価されることもありましたが、いまやそれは足かせだととらえられるようになったのです。

そこで、新たな成長戦略の一環として、オープンイノベーションを積極的に採り入れる企業が増えています。オープンイノベーションには、事業連携や技術提携など部分的なものもありますが、Ｍ＆Ａや資本投資（ＣＶＣ：コーポレート・ベンチャーキャピタル）などの形で、根幹的、全面的に行われる場合もあります。これらも、マクロ的な環境変化によるＭ＆Ａニーズ増加の背景だといえるでしょう。

２つめの理由として、供給サイド、つまり売り手となる企業の増加があります。

これもいくつかの側面にわけて考えられますが、一つは後継者不在に起因する事業承継のためのＭ＆Ａニーズの増加です。これについては、本書のテーマとは直接関係しないので詳述はしませんが、経産省・中小企業庁が中心となり、国を挙げて事業承継のためのＭ＆Ａを推進しています。

別の側面としては、優秀な人材による起業が増えていることも挙げられるでしょう。この背景には、すでに述べた日本型雇用慣行（働き手側からいうなら就労環境）の変化があります。

富士通や朝日新聞社など、日本を代表するような企業で45歳前後の社員にリストラが実行され、トヨタ自動車の社長や経団連会長からも、これからは終身雇用が難しいと明言されるようになりました。「大企業に就職すれば一生が安泰」という時代は完全に終わりを告げました。そういった雇用環境の変化の中で、大企業をスピンアウトして、あるいは、大企業に入社できる能力がありながら最初から就職を目指さずに起業家の道を選ぶ優秀な人材が増えています。さらに、副業解禁の流れのなかで、企業に勤めながら副業として起業をする人も出てきています。実際、新設法人設立数は２０１０年以降２０１７年まで毎年増加してきました（18年以降は増減まちまち）。

また、法人設立はしないまでも、いわゆるフリーランスやギグワーカーなども含めて個人事業主として働く人も増えています。こういった人たちは将来の起業予備軍とも考えられます。

３つめの理由として、Ｍ＆Ａの取引環境が充実・整備されてきたことも挙げられるでしょう。

かつては、中堅・中小企業がＭ＆Ａをしたいと思っても、相談できる相手が限られていたため、実務的な面でのハードルが高い時代がありました。

しかし、ここ数年で私たちのようなＭ＆Ａ仲介会社が急増し、業界大手のＭ＆Ａ仲介会社が何社も上場しています。

そこからＭ＆Ａ仲介という業態に対する社会的認知度が向上し、利用しやすい環境が整いました。さらにインターネットのＷｅｂサイト上でＭ＆Ａ案件が閲覧できるマッチングプラットフォームもいくつも登場しました。なかには、Webサイト売買専門のマッチングプラットフォームもあります。こういったプラットフォームでのM&A取引はその性格上、主として小規模な案件が扱われますが、M&Aの裾野を広げる一環となっていることは間違いありません。

最後、4つめの理由は、すでにご紹介したように、M&Aイグジットや連続起業を成功させた〝ロールモデル〟となる若い世代の経営者が次々に生まれていることにより、イグジットや連続起業に対するイメージが大きく変化しているためです。

イーロン・マスク氏も含めて、ロールモデルとなる連続起業家の事例が広く知られるにつれて、M&Aイグジットがかつてのようなやや後ろめたいところのあるイメージから〝イケてる〟イメージへと変化してきたということです。

自分が得意な、あるいは好きな事業だけを行って、ある程度のところまで育てたらM&Aイグジットをしていいんだ、また、それが自分にとっても社会にとっても価値のあることなんだと気づく起業家が増えてきました。そこで、日本においても若い世代の起業家には、最初から連続起業を志向する人、言い換えると、イグジットを視野に入れて起業する人が確実に増えているのです。

イグジット経験は、起業家のブランド価値になる

M&Aや連続起業に対する、社会的なニーズや意識の変化に応じて、M&Aイグジットに対する見方も変化しています。

以前は、起業家がM&Aで会社を売ったというと、「経営を諦めてギブアップしたのか」とか「自分が利益を得るために社員を見捨てたのか」という感じで、ネガティブにとらえられることがよくありました。

これは、特に日本の文化において「継続」が価値として高く評価されていることも関係あるかもしれません。「石の上にも三年」ということわざに表されているように、多少の困難は我慢して、一つのことを長く続けるのが良いことだという価値観です。

私たちは、老舗の企業とか店と聞くと、それだけでなにか優れたものだと思い、ブランド価値を感じます。実際、創業から100年以上続く老舗企業の数を国際比較すると、日本は約3万3000社と、2位の米国の約1万9000社に大きな差をつけて、ダントツに世界一です。(日経BPコンサルティング調べ)。これも、一つの物事を長く続けるのが良いことだという、日本の文化風土が背景にあるためでしょう。

しかしよく考えてみれば、老舗だからといって、それが現時点でも優れていることを保

証するかといえば、そうとは限らないことは明らかです。老舗というブランドの上にあぐらをかいて、サービスがおろそかになったり、コストパフォーマンスが悪くなったりする店舗を見かけることはよくあります。そんな老舗よりも、今の時代にマッチした新しいプロダクトやサービスを提供する企業のほうが、より大きな価値を顧客に提供できるでしょう。

Ｍ＆Ａイグジットについても、要はその内実が重要です。大資本の傘下で会社をより大きく成長させるため、あるいは、新たな起業による価値創造のためにイグジットをしたのであれば、それはポジティブにとらえられるべきです。

そもそも、Ｍ＆Ａイグジットできる、つまり価格がついて売れるまでに事業を育てたという事実は、Ｍ＆Ａ金額を問わず価値があるといえます。

もちろん、数十億円、数百億円といった規模の売却を実現できればすばらしいことです。しかし、たとえその金額が１０００万円程度の規模であったとしても、イグジットを実現できたということ自体が、普通ではない価値を生んだことを意味しています。

なぜなら、世の中にある企業の多くは、Ｍ＆Ａで売りたくても売れないからです。衰退産業であったり、慢性的な赤字体質であったり、債務超過であるような企業は、買い手から見ると「タダでもいらない」ために、売ることが困難になります。そこから考えれば、たとえ1000万円規模であっても、M&Aで買ってもらえたという事実が、起業家として事業を成功させたことのなによりの証拠になるとご理解いただけるでしょう。

現在では、スタートアップ・ベンチャー界隈には、一定の厚みをもったエコシステムが形成されています。そのエコシステムのなかでは、M&Aイグジットを成功させることが、優秀な起業家であることの証であり、起業家として高い価値をもつ人物だと評価されるようになります。いわばイグジットによって起業家としてのブランド価値が高められるのです。

起業には、0→1、1→10、10→100の段階がある

先に書いた「自分が得意な、あるいは好きな事業だけ」を行うというところをもう少し掘り下げて考えてみましょう。

起業における経営の段階は、0→1（ゼロイチ）、1→10（イチジュウ）、10→100（ジュウヒャク）のようにわけられると考えられます。

0→1は、今までこの世に存在しなかったような新しいプロダクト（製品やサービス）

を考案して事業化したり、すでに市場が確立している製品に革新的な変化をもたらす事業を興したりする場合に使われる言葉です。これは、狭い意味での「ベンチャー」の起業とほぼ同義だといえます。

例えば、会社員だった人が会社を辞めて起業をするとしても、町の蕎麦屋さんを開店するとか、Ｗｅｂサイトのデザイン会社を始める場合のように、すでに市場ができあがっているところに既存のものと同じようなプロダクトで参入するケースは、０→１とかベンチャーとは厳密には言いません。

一方、同じ蕎麦屋さんでも、これまでにまったく存在しなかった新しい形での事業、例えば、店舗にまったく人がいない無人の蕎麦屋さんとか、蕎麦職人が自宅に来て打ち立ての蕎麦を提供してくれる蕎麦屋さんなどは、おそらくこれまでこの世に存在していないので、もしそれを事業化できれば０→１のベンチャーということになります。

つまり、世の中の多くの起業は、０→１とかベンチャーではないということです。私自身も、前職を辞めて、現在代表を務めている会社を起業しましたが、Ｍ＆Ａ仲介というすでに確立された市場に参入しているので、ベンチャーだとは思っていません。

０→１において重要なのは、いうまでもなく新しいプロダクトやイノベーションを考案する創造力ですが、それと同時に、そのプロダクトやサービスが市場性をもつのか、いわゆるプロダクト・マーケット・フィット（ＰＭＦ）をしているのかどうかを判断する能力も、同じくらいに重要です。それがなければ単なる珍妙で採算も取れない面白商品という だけで終わってしまう可能性が高くなるからです。

次に１→10ですが、これはスタートした事業からある程度自律的に収益が上がり、事業の再現性が可能になる規模まで成長させることです。

この段階においては、限られた経営資源をより効率的に配分し、収益性を高めるためのビジネスモデルの構築と実行が最も重要になります。いわゆる中小企業と呼ばれる企業の多くは、この段階にとどまっていると考えられるでしょう。

そして、ある程度確立した事業を、最大限まで拡大していく、いわゆる「スケールさせる」ステージが10→１００になります。

この段階においては、いかに組織の力を効率的に引き出すかという組織マネジメントの能力や、資金や取引関係などの外部資源を必要に応じて的確に調達する能力が重要になります。さらに、会社という単位で見た場合は、商品ライフサイクルを見越した新事業開発や多角化にも取り組む必要があるでしょう。ＩＰＯやその先を見据えるのであれば、内部統制や資本政策など、考えなければならない要素も格段に増えます。

自分が得意なところに集中できる連続起業家

おおざっぱな目安ではありますが、以上のように段階分けをしたときに、それぞれの段階で必要とされるトップの能力、あるいは資質が異なっていることに気がつくでしょう。ぱっと考えても、0→1で新しいプロダクトを考える創造力と、10→100で組織を管理するマネジメント能力とは、まったく別の能力です。

そのため、「新しいプロダクトやサービスの構想を考えてそれを事業化するまでの0→1は得意だし、好きだけれども、組織を管理して大きくしていくといったことには向いてない」という起業家も珍しくありません。

一方で、「人をマネジメントしたり、経営資源の効率的な配分を設計したりすることは好きだけれど、イノベーティブな創案をすることは苦手だ」という起業家だっているはずです。

特に、10→100の段階において、IPOするかしないかは別としても、事業拡大のために上場企業に準じるレベルのマネジメントや内部統制が必要になってきたとき、自らの資質や能力の限界を感じたり、そもそも興味がないと感じる起業家は多くいます。上場企業で事業部長クラスの業務を経験したことがあるような人は別として、ほとんどの起業家にとって経験したことがない仕事になります。そこで、この先も自分が組織を管理していて会社を成長させていくことができるのだろうかと、不安を感じるようになってくることはよく見られます。

もちろん、そこで必死に経営の勉強を重ねながら、また周囲に適切な人材を配置してサポートを受けながら、限界を乗り越えて経営者として会社と共に成長していく人もいます。ＩＰＯを実現したあとも経営トップに立ち、成長を続けている経営者はそのような人たちでしょう。

しかし、すべての起業家がそのようになれるわけではありません。というより、それはソフトバンクの孫氏や、楽天の三木谷氏、ファーストリテイリング（ユニクロ）の柳井氏のように、飛び抜けた経営の才能をもち、歴史に名を残すような傑出した経営者だけが可能な、例外的なことだと考えたほうがいいのではないかと思います。普通の起業家がそういった存在になることは非常に難しいことですし、また、必ずそれを目指さなくてはならないわけでもありません。

0➡1や1➡10が得意な起業家が会社を10まで成長させたとき、「ここから先、さらに100を目指すことは自分には難しそうだから、10➡100が得意な第三者にM&Aをして経営をバトンタッチしよう」と考えることは、立派な「経営判断」です。

そして、起業家自身はM&Aイグジットにより得られた資金で、再び自分が得意な0→1や1→10を目指し、会社や社員はグロースを得意とする新経営者のもとで、成長の果実を得るということは、それぞれの立場にとって、幸せな選択となり得ます。

さらに言うなら、M&Aイグジットをした起業家が、そこで得られた資金を元手に連続起業をして新たにイノベーティブな事業を興したり、あるいはエンジェル投資家になって、ベンチャーへの投資を行ったりすることは、社会全体として見ても、新産業の創出や産業活性化にもつながることであり、大いに歓迎すべきことです。

長期的に人口減少が進むなか、日本が今後も世界の中で一定の経済的な地位を占めていくためには、起業を含めたイノベーションを活発化し、生産性の向上や新産業を創出していくことが欠かせません。

その表れとして、2018年に策定された政府の成長戦略にも、2023年までにユニコーン企業（企業価値10億ドル以上の未上場企業）を含めて、20社の有望な新興企業を育てるという目標が掲げられています。しかし、日本では起業をする人の割合（開業率）が、4~5%程度と、欧米諸国のおおむね10%程度と比べて半分程度の水準にとどまっているのが現状です。開業率自体を急速に上昇させることは難しいでしょう。

その点からも、一度起業を成功させた起業家が、連続起業家となって新規事業を興すことは、社会的にも意義が高いと考えられます。

起業家個人の幸福というミクロ的な視点からも、またこれからの日本経済全体の浮沈というマクロ的な視点からも、連続起業にトライする人が増えることはすばらしいことなのです。

連続起業でマネーリッチ、タイムリッチ、フレンドリッチに

M＆Aイグジットを成功させれば、まとまった資金を得ることができます。その資金を新たな事業に投資して連続起業をすることで、さらに雪だるま式に資産を増やせる可能性が高くなります。連続起業家のイメージとして、このような〝マネーリッチ〟の側面はすぐに思い浮かぶでしょう。しかし実は、連続起業で豊かになるのは資産だけではないのです。

まず、連続起業においては、豊富な資金を活用して起業をすることで、事業に自分の労力を投入する割合をぐんと減らすことができます。極端にいえば、事業を興したら社長を雇って、その社長に全面的に事業を運営してもらえばいい、という考え方もできるで

しょう。これは、次章で詳しく説明しますが、ロバート・キヨサキ氏の『金持ち父さんのキャッシュフロー・クワドラント』で提唱されている「ビジネスオーナー」という立場になることです。

このような立場になれば、起業家が自分で働かなければならない時間は、ぐっと減ります。そのぶん家族と過ごす時間や、旅行を楽しむ時間ができます。お金だけではなく時間にも余裕ができる〝タイムリッチ〟になれるのです。

さらには、イグジットとそれに続く連続起業を実現した起業家は、スタートアップ・コミュニティのなかで一定のポジションを築くことができます。それによって、交流できる人の層にも変化が生じます。詳しくは第5章で触れますが、自分と同じようにイグジットや連続起業を成功させた〝マネーリッチ〟〝タイムリッチ〟の人たちと付き合うことが、自然と増えてくるということです。

つまり、以前とは違った交友関係が広がる〝フレンドリッチ〟にもなっていきます。

このようにして、人生を楽しみ尽くす連続起業家はどんどん増えているのです。その具体例は、次章でご紹介していくことにしましょう。

ＩＰＯに向く起業家は〝鈍感力〟が強い人

本章の最後に、ＩＰＯについて確認しておきます。

ＩＰＯを実現させることを起業家としての目標にしている人も多いでしょう。会社をＩＰＯさせて、プライベートカンパニーからパブリックカンパニーとなり、多くの投資家に株主となる機会を提供すること、また株式市場から調達した多額の資金を用いて事業成長を目指すことは、非常に意義のあることです。上場企業となれば、会社の信用力やブランド価値は一気に高まり、それはビジネス上でもファイナンス上でも有利に働きます。

また上場企業の一員というステータスは、役員や社員にとっても幸福感や満足感をもたらし、ストック・オプションのような形で、経済的なインセンティブを与えることもできるようになります。

もちろん、起業家自身にとっても、創業した会社を上場させたという事実は最上級の栄誉であり、個人にもブランド価値をもたらします。保有している株式の価値は何十倍、時には何百倍・何千倍にも上昇しますので、資産という点から見ても、一気に大資産家の仲間入りができます。

ただし、ＩＰＯにはデメリットもあります。

その一つが、IPOをした場合はM&Aイグジットに比べて起業家に入るキャッシュは少ないということです。確かに保有株式の価値は高まり、資産価値は上昇しますが、それは現金化がほとんどできない資産です。創業社長は最もインサイダー情報を保有しているといえるので、市場で株式を売買することに制限がかけられるためです。

また、創業社長が株を売ったとなれば、それを知った投資家はその会社の株価が下がると判断し一気に売りに回ることがあるためです。

IPO時には、公開前のブックビルディングの段階で決定された公開価格で、いくらかの保有株式を売却することはできますが、M&Aイグジットで全株を売却することに比べれば、10分の1程度のキャッシュしか得られないことも普通です。それでも、数億円・数十億円の現金と、その数十倍の株式資産価値が得られるのならそれでいいという考え方もできるので、そこは起業家の考え方次第でしょう。

IPOのデメリットとしてもうひとつよくいわれるのが、自由がなくなるということです。

上場企業は四半期ごとに決算と次の目標を開示しなければならず、目標が達成できなければ、株主から批判されます。常に不特定多数の株主にチェックされて、成長を続けることが求められるのは、並大抵のプレッシャーではありません。リスクの高い新規事業に挑戦して失敗すればもちろん非難されて経営能力を問われますし、かといって、新規事業に投資せず、現預金比率を高めていると、それはそれで無駄にキャッシュを貯め込み株主還元もしていないと批判されます。非上場時代のような好き勝手な経営はできなくなるのです。

また、上場企業はパブリックなものであるとの見方から、メディアなどからは、その経営者も公人に近い扱いを受けます。週刊誌に狙われたりしますし、もし経営者本人が不祥事などを起こした場合は、新聞などでも大きく報道されることになるでしょう。

このようなことがあるので、上場企業の社長に向いている人は、ある程度〝鈍感力〟が強い人だといえるかもしれません。

ＩＰＯには、メリットとデメリットがありますが、だれにでも向いているわけではないということです。それでも、Ｍ＆Ａ市場が未成熟だった昔なら、ほぼＩＰＯを目指すしかイグジットの選択肢がありませんでした。

しかしＭ＆Ａ市場が拡大している現在では、以前なら当然ＩＰＯを目指していたようなレベルの会社の起業家でも、ＩＰＯではなくＭ＆Ａイグジットを目指すケースが増えているのです。

会社の売却益で起業して、
また売却して起業して……

脚光を浴びる「連続起業家」
という生き方

第2章

連続起業家にもさまざまなタイプがいる

連続起業家というあり方が広く知られるにつれて、そのメリットが喧伝され、〝イケてる〟起業家像としてメディアなどで採り上げられることも増えてきました。

前章ではそのような、メディアにもよく登場する著名な連続起業家を採り上げましたが、そういった方は連続起業家の中でもごく一部にすぎません。世間的にはあまり知られていなくても、ひっそりと連続起業を成功させて資産を増やし、豊かな人生を歩んでいる起業家は、たくさんいるのです。

そして、一口に「連続起業家」といっても、その経歴や起業に対する考え方、経営してきた事業の規模感や、イグジットの金額水準などはさまざまです。もともと起業家という存在自体もひとくくりにはできませんから、連続起業家もひとくくりにはできないのは当然でしょう。

例えば、小規模な連続起業家の例として多いのはサイト売買やアプリ売買です。今はやや沈静化していますが、2、3年前までは、Ｗｅｂサイトやアプリ、特にメディアサイトの売買が非常に盛んで、普通の会社員がなかば趣味で制作・運営をしてアフィリエイト広告などで多少の収益を得ていたＷｅｂサイトが数百万円で売れるといったことも、当たり前に見られました。

このようなケースでも事業の売却という点ではイグジットですし、それで得られた資金を元手にして別のＷｅｂサービスを起ち上げたなら立派な連続起業家です。あるいは、アートやファッション、旅行などの分野では、仲間同士でショップやホテルなどを起業して、ある程度軌道に乗った段階で大手の同業者に売却して別のショップを開業するといったスタイルで、いわばその時々の気が向くままに、自由なスタイルで起業を楽しんでいるような若い人も増えています。

一方では、店舗をどんどん増やしたり、自分が他社を買うほうのＭ＆Ａによって事業を拡大したりして比較的短期間でほとんどＩＰＯ可能なレベルまで企業規模を拡大する投資家もいます。そして、そのような起業家が、ＩＰＯとＭ＆Ａイグジットとを総合的に比較して、Ｍ＆Ａイグジットを選択することもあるのです。

こういったケースでは少なく見積もっても数十億円、場合によっては１００億円以上のイグジット規模となります。

以下では具体的な例として、私が実際に仕事などを通じて知り合い、現在でも親しく交遊させてもらっている連続起業家、Ａ氏、Ｂ氏の例をご紹介しましょう。

（なお、A氏、B氏については、ご本人たちのプライバシー保護のために、事実と異なる脚色をしている部分が多少ありますが、話の大筋は事実に基づくものです）。

クラブ遊びを通じて得られた人脈から連続起業を成功させたA氏

例えば、私が仕事を通じて知り合った連続起業家の女性・A氏がいます。

A氏はもともとダンスが好きで、ジャズダンスのインストラクターや振り付けなどの仕事をしながら週に数日、六本木や麻布などでクラブ通いをしていました。ダンスが上手なのはもちろんですが、長身の目立つ容姿で、しかもだれとでも気さくに話したり相談に乗ったりする人柄で、男女問わず交友関係が広い人でした。

あるとき、A氏がアメリカ旅行をする際に、友人に頼まれて、アメリカで登場したばかりで日本では入手が難しい化粧品を買ってもらうように頼まれたそうです。まだ、今のようにネット通販が普及していない時代でした。A氏は友人の分とともに、自分の分もおみやげに買ってきて使ってみたところ、非常に良いものだと分かり、これは日本でも売れるとピンときたそうです。

それから、何度かアメリカに行き、個人輸入のような形で化粧品を仕入れてきて、クラブ友だちに安くわけたところ、大好評でした。口コミを通じて欲しがる人が増えたため、A氏は会社を設立し、本格的に輸入することにしました。アメリカ現地の代理店とも話をつけて、日本での販売権も得ました。

その一方、クラブで知り合った大手ドラッグショップチェーンのバイヤーに話をつけて、そのチェーンで販売してもらえることにもなりました。見込みどおり、その商品は大ヒットして、A氏の会社は大きく成長しました。

しかし、長年化粧品輸入の事業を続けるなかで、A氏は、人が本当に美しくなるためには心身の健康こそが最も大切であり、それをサポートする仕事がしたいと痛感するようになってきました。そこで、会社設立から15年ほど経った頃、A氏は同業の大手に20億円で会社をM&Aイグジットしました。そしてその資金を元手に、新たに、パーソナルトレーニングを中心としたフィットネスクラブ事業に取り組んだのです。

A氏はもともと、ダンスのインストラクターをやっていたので、ダンスの要素をうまくとりいれた独自プログラムが評判を呼び、フィットネスクラブ事業も成功しました。

A氏はさらに、高齢者を対象にした健康事業を模索しており、現在新たな事業の準備を進めています。

海外経験やアート感覚を活かして連続起業を成功させたB氏

B氏は私よりも若い起業家です。旅行とアートが好きで、高校を卒業したあと、いわゆるバックパッカーとして世界中を旅して回りながら、現地のさまざまな伝統美術に触れたり、若いアーティストと交流したりしていたような人でした。

B氏はアート系のファッションも好きで、日本にいるときには渋谷や原宿のストリート系のブティックに足繁く通っていたのですが、アパレル、特に若いレディースの分野はとても流行の変化が激しくて、数カ月するとすぐにバーゲン品として売られているのを見て、それをかつて旅して回っていた東南アジアで売ることを思いつきました。

シーズンの変わり目に渋谷の109などを自分の足で回って、二束三文で売られているバーゲン品を買いまくって、それを東南アジアに持ち込んで、かつて交流があったアート友だちなどに安く譲ったところ、大好評でした。今から10年近く前の話なので、〝ジャパンブランド〟の威光が今よりも強かったこともあるでしょう。

「これはいける」と思ったB氏は、会社をつくり、現地のツテをたよって販売代理店と契約を結び本格的に輸出ビジネスを始めるようになりました。とはいえ、バーゲンで格安になった服を集めるというのは、なかなか手間がかかる割には利幅の薄い商売です。個人の副業程度でやっているのならいいのでしょうが、ある程度以上の規模にスケールさせようと考えるなら、どうしても正規のルートで問屋から仕入れる必要が出てきます。

だんだん面倒になってきたB氏は、アパレルブランドを運営していた友人に1000万円ほどで会社を売ってしまいました。

それから今度は東南アジアに行って、現地の友人と共同で日本風の美容院を開業しました。東南アジア諸国では、日本のような美容院チェーンが存在しなかったので、これもヒットして、数店舗を運営するようになりましたが、数年でB氏は「飽きてきた」と言って、自分の持分を現地の投資家に売却してしまいました。そのときは日本円にして3000万円ほどのイグジットでした。

日本に戻ってきたB氏は、次に民泊事業を始めました。ちょうどインバウンドブームで、海外にいたとき、現地の人たちから「日本に行きたい、いい宿泊施設を紹介してほしい」と言われることが非常に多かった一方、日本の民泊施設はあまり海外の人に受ける要素がないと感じていたB氏は、その感性を活かしてアート的な要素をふんだんに採り入れた民泊施設をつくったのです。狙いどおり、特にヨーロッパ系の旅行者に大受けして、ネットの口コミで評判となり、こちらも3店舗まで増やしたところで、大手の某ホテルチェーンから「出資したい」という話があり、現在は一部の株式を保有しながら、ホテルチェーンとの共同経営をしています。

実は、そのホテルチェーンでは、インバウンド向けのデザイナーズホテル運営の企画があり、B氏もその企画の中心メンバーとした参加する予定だったのですが、現在、コロナの影響で延期されてしまいました。

とはいえ、B氏はこれまでのイグジットや、ホテルチェーンに持ち株の一定部分を売却した資金があるため、特に焦ることもなく、多少のんびりしながら、コロナが落ち着いて再び動き出せる時を待っている状況です。

連続起業家は、ビジネスオーナーや投資家を目指す

A氏もB氏も、もともとはいわゆる「優秀なエリート」というタイプの人物でありませんでした。どちらかといえば、会社組織に縛られるよりも自分の好きなことを自由に追求したいという、自由人タイプです。第1章でご紹介した家入一真氏も、高校時代にいじめをきっかけに「引きこもり」となって高校を中退するなど、いわゆる学歴エリートとは正反対の道を歩んできた人です。

　そして、私がこれまで見てきた範囲では、連続起業家として成功しているのは、どちらかといえばこういった、自由人タイプの人が多いような気がします。

　もちろん、一流大学を卒業して有名企業に勤めてから、そこをスピンアウトして起業をして成功している人もたくさんいるので「どちらのほうがいい」と決めつけることはできません。

　しかし、既存の企業社会でエリートとして成功するための資質と、連続起業を成功させるための資質とは、かなり異なるものがあるように感じます。

　これは、ロバート・キヨサキ氏が『金持ち父さんのキャッシュフロー・クワドラント』で述べられている、キャッシュフローをどこから得ているのかという視点からの4区分をヒントに考えるとよく分かるかもしれません。

　キヨサキ氏の書籍では、以下の「E・S・B・I」4つの区分を円状で区切った図が、「クワドラント」と呼ばれています。

E：従業員（Employee）

　会社勤めや公務員など、給料をもらって生活している人のことです。

S：自営業者（Self-employed）

個人商店の店主、士業、フリーランスのデザイナーなど、顧客に直接サービスを提供して、その対価を得ている人のことです。自分で自分を雇っている、と考えられます。中小企業であれば、従業員を雇用していても、社長自身も現場で働いていたり、業務のすみずみまで社長がチェックしたりしないとうまくいかない、ということが珍しくありません。このような場合もこのカテゴリーに入ります。

B：ビジネスオーナー（Business owner）

経営者という意味ではSと同じですが、この区分では、自律的に回っていく事業のシステムを保有・管理し、それを区分して売れることがポイントです。フライチャイズチェーン（元）のオーナーのイメージです。

I：投資家（Investor）

お金を使ってお金を稼ぐ人です。お金が増えるところを見つけて、そこにお金を配置することが投資家の仕事です。

高学歴なエリートの人たちは、E（従業員）として、いわゆる一流企業に就職したり、高級公務員（官僚）になったりして、それなりに高い生涯収入と比較的安定した生活を得ることができます。第1章で述べたように、一流企業でも終身雇用は崩れているとはいえ、中堅・中小企業に比べれば、伝統的な一流企業は格段に安定しています。

また、司法試験に合格して弁護士になるように、知的なリソースを活用することで、S（自営業者）として成功する道もあります。こちらは、安定性という面では一流企業のE（従業員）より劣るかもしれませんが、成功すれば、さらに高い生涯年収を得ることも可能です。

ロバート・キヨサキ氏も『金持ち父さんのキャッシュフロー・クワドラント』の中で、資産家になるためには必ずしもB（ビジネスオーナー）やI（投資家）になる必要はなく、E（従業員）やS（自営業者）でもそれは可能だと述べています。

しかし、学歴エリートのコースから外れた人や、組織内での管理された命令系統の中で働くことが苦手な人は、EやSで成功して資産を築く道は狭まります。

そのため、そういった境遇であり、かつ成功への意志をもつ人は、おのずとBを目指す意識が強くなるのかもしれません。最も、いきなりBになれることは、通常はありません。たいていの場合、Sからスタートして、どこかの段階で、それをBあるいはIに転換させます。分かりやすく言えば、自分がいなくても回っていき、利益を上げられる会社をつくるということです。それがある程度できたとき、M&Aイグジットが成立する条件が整います。つまり、SからBになることが、連続起業家になれる条件だともいえます。

最も、M&Aイグジットして新規に事業を起ち上げれば、普通はまたSからスタートです。

つまり、連続起業とは『金持ち父さんのキャッシュフロー・クワドラント』のSとBを行ったり来たりしながら、資産を増やしていくことだといえるでしょう。

一方、BからのM&Aイグジットで、多額の現金を得たあと、Sとして連続起業をするのではなく、エンジェル投資家、つまりIになる人もいます。投資と起業とは異なるので、ここではIになる人のことは詳しく説明しませんが、実際にはそういう人も決して少なくありません。「これからは自分で働くよりも、お金に働いてもらおう」というわけです。

また、イグジットで得られた資金のうち、一部分を次の起業資金に当てながら、一部分を投資するといったBとIのハイブリッドタイプの起業家もいます。

いずれにしても、『金持ち父さんのキャッシュフロー・クワドラント』の考え方は、なにを目標として起業するのかを考えるうえで、大いに参考になります。

では次に、実際に事業や会社をイグジットして連続起業を成功させた3名の起業家、
株式会社HIT代表取締役・海山龍明氏
株式会社GEホールディングス代表取締役社長・荒川健一氏
株式会社DADACA代表取締役社長・田島慎也氏
の事例をご紹介していきます。
この中で、荒川氏と田島氏は、M&Aイグジットの際に私がアドバイザーや仲介として
お手伝いさせていただきました。

連続起業事例紹介1

短期間に2件の事業をイグジットしてブランド価値の高まりを実感

海山龍明氏
株式会社ＨＩＴ　代表取締役

グルメ情報に特化したメディアサイト「めしレポ」を株式会社イードに事業譲渡。
サイト売買プラットフォーム「ＵＲＥＢＡ」を株式会社フォーイットに事業譲渡。

株式投資で稼いだ資金を元手に起業

海山氏は早熟の起業家です。中学生のときに、株式投資関連のＷｅｂサイトを自分で制作、アフィリエイトなどのメディア運営事業を開始しています。その一方で、自分でも株式投資や為替ＦＸ投資を行い、着実に利益を上げていたそうです。

中学卒業後、スイスの高校に通って英語を身につけてから日本に戻り、早稲田大学に進学しました。高校、大学時代にも投資は続けており、大学卒業時での投資利益は約3000万円までに増えていました。

卒業後は、コンサルティングファームのデロイト トーマツ コンサルティングに入社。コンサルタントとして2年間働いてから退職しました。ちなみに、入社する前から退職する時期は決めており、退職後は自分の会社をつくることも、最初から予定していたということです。

そして予定どおり2015年6月に会社を辞めて、すぐに株式会社How Travel（後に株式会社HITに改名）を創業しました。

社名からも分かるように、海山氏が事業テーマとして選んだのは、旅行関係のビジネスでした。

スイスの高校に進学したくらいですから、もともと海山氏は海外旅行が大好きで、これまで訪問した国は40カ国超、留学期間も含めれば海外滞在総期間は5年以上にもなるそうです。

その大好きなものでなにかできないかと考えて、最初は旅行情報アプリの開発から事業をスタートしました。自らの豊富な旅行経験のなかで、昔からある旅行ガイドブックが、現代の旅行にはそぐわなくなってきていると感じていたためです。自分と同じように感じている旅行者は多いだろうから、インターネットのマップと連動しながらも、オフラインでもマップ情報とマップ上のエリア情報が得られるようなガイドブックに代わる旅行情報アプリを作れば、需要は大きいだろうと考えたのです。

その際、アプリの開発資金など、起業資金として役立ったのが、学生時代に投資で稼いだ資金でした。

「融資や、VC、エンジェルなどの出資を受けずに、自分のお金だけで起業できたので、起業当初は『がっつり儲けよう』という感じではなく、『とにかく面白いことがやりたい』みたいな、割と軽いノリで起業をしました」（海山氏、以下同）

しかし、当初想定に比して旅行情報アプリはあまりヒットしませんでした。一方で、創業時から事務所を借りていたのでその家賃や、海外への取材などで出費がかさみたちまち資金が枯渇し、日本政策金融公庫から1000万円の融資を受けることになりました。

そこから海山氏は、きちんと収益を考えて儲かるビジネスをしなければならないと考えを改めます。そして、メディアサイトの運営に力を入れ始めたのです。

「めしレポ」の事業譲渡まで

メディアサイトの運営に力を入れ始めたのは、アプリのために集めていた情報を掲載していたWebサイトの中で人気を集めたものがあり、それを広告やアフィリエイトで収益化できるようになったためです。

こうして海外在住ライターによる最新現地ニュースサイト「HowTravel News」をはじめ複数のメディアサイトを並行して運営するようになり、当初のアプリ開発会社からサイト運営会社へと変容していったのです。

さらに2018年には求人サイト「セカンドペンギン」や、経営者サポートメディア「士業のチカラ」といった、マッチングサイトも運営するようになります。

複数運営していたメディアサイトの中でも一番ヒットしたのが、グルメ情報サイトの「めしレポ」でした。

詳細なレポートを中心とした店舗情報が掲載されたページをクリックすると「食べログ」や「ぐるなび」に送客するしくみで、予約が成立すると一定の収入が得られるというビジネスモデルでした。

順調にPVも増え、それに比例して収益も増えていくなかで、海山氏は2019年にこのサイトをマザーズの上場会社である株式会社イードに事業譲渡しました。

この事業譲渡のきっかけについては、M&Aマッチングプラットフォームサイトや M&A仲介会社を通じてマッチングされたのではなく、やや特殊な事情がありました。それは次のようなものです。

HITでは2019年5月に自社開発したサイト売買プラットフォーム「UREBA」をリリースしていました。リリースの前後にかけて、「UREBA」の紹介のため、海山氏は買い手となってもらうために、さまざまな企業のM&A担当者などに積極的にセールスを行っていました。

それが、東証マザーズに上場していた株式会社イードの目にとまり、「ぜひ欲しい」と言われて、トントン拍子に話がまとまったそうです。

「うちの会社として、このサイトにこれ以上手をかけることに意味があるのか?」

なかば偶然のきっかけで、欲しいという企業との出会いがあったのですが、着実に収益を上げていた「めしレポ」を売却したのはどうしてなのでしょうか。

その背景には、メディアサイトという事業がもつ性質もありました。

皆さんもそうだと思いますが、例えばお昼に焼肉が食べたくて、「新宿　ランチ　焼肉」といったワードで検索した際に、Ｇｏｏｇｌｅで表示される上位の順、あるいは1ページ目に表示されている中の目についたサイトから見ていくと思います。一番上か二番目に掲載されているサイトしか見ないことも普通です。仕事のデータなど念入りに調べたいときには、何ページも見て回ることはありますが、飲食店情報といった比較的軽い気持ちでの検索では、検索サイトの2ページ目、まして3ページ目以降がチェックされることはまれでしょう。

そのため、「めしレポ」のような閲覧とクリックで収益を得ているメディアサイトは、消費者が特定のワードで検索した際の、Ｇｏｏｇｌｅの検索順位に大きく依存するのです。検索順位はオープン情報なので、「この程度のコンテンツの質量で、この順位なのか」ということを競合サイトがすぐ確認することができます。

すると、このサイトの検索順位を越えるためには、これくらいのコンテンツを追加すればいいだろう、と目星がつけられるので、コンテンツの競争が激化します。継続的なコンテンツ拡張競争になるのですが、そのためにはそれなりに資金や人手などのリソースを投下しなければなりません。

一方で、そうやって検索順位の競争に勝って、例えば、2位から1位になったとしても、それによって売上が5倍、10倍とスケールすることはあり得ません。大きく勝つためというより、負けないために競争を続けなければならないのです。

さらには、そうやって苦労して上位順位を確保しても、Ｇｏｏｇｌｅのアルゴリズムの変更によっていきなり大きな順位変動となることが、割と頻繁にあります。そのたびに、再調整をしなければなりません。

「『めしレポ』を今後も成長させていくためには、それなりに社内リソースをかけなければならない段階だったのですが、それでいて、何倍もの売上の伸びが見込めるわけでもないと考えられました。その時期には「ＵＲＥＢＡ」の開発もしていたので、うちの会社としては、メディアを専門にやっていて成長させることができる会社に譲ったほうがいいだろうという判断でした」

簡単に言えば、自社での運営では投下費用に対する収益の伸びが逓減していく見込みだった、ということです。一方、買い手企業の株式会社イードは、メディアをいくつも運営しており、さまざまなシナジーが見込めます。

こうして、売り手の海山氏と、買い手のニーズが一致して、「めしレポ」は2019年12月に事業譲渡されました。

最初からイグジットを想定して開発した「UREBA」

一方、「UREBA」は2019年5月にリリースしたWebサイト売買のプラットフォームです。Webサイトの売りたい人と買いたい人を結びつけるマッチングプラットフォームという業態は、2005年ごろからの歴史があり、UREBAのリリース時点で少なくとも10以上の競合プラットフォームがありました。「UREBA」は相当な後発組ということになるのですが、海山氏は、市場や競合を入念に分析したところ、勝算があるとふんで、開発・リリースを実施しました。もともと事業コンサルタントなので、そのような分析は海山氏の得意とするところです。

そして競合にはなかったいくつかの施策を採り入れながらマーケティングを進めた結果、順調に登録数、成約数が増加し、2020年1月には数あるサイト売買プラットフォームの中で「UREBA」が月間成約数トップとなったのです。

しかしその急成長した「UREBA」を、海山氏は2020年7月に株式会社フォーイットに事業譲渡で売却してしまいます。

順調に成約数が伸びていた「ＵＲＥＢＡ」をわずか1年程度で売却したことは意外にも思えますが、実は、予定どおりの行動だったそうです。海山氏は「ＵＲＥＢＡ」の開発をしていた段階から、もし当初1年間程度でサイトの業績が順調に伸びたら、事業売却しようと考えていました。

それは、自社（株式会社ＨＩＴ）のブランド力では成長性に限界があると判断していたためです。「ＵＲＥＢＡ」がサイト売買プラットフォームとして後発でありながら、短期間で業界トップに躍り出たのは、主に手数料やマッチング方式を見直したマーケティング戦略が奏功したところが大です。しかし、そのような方法は、競合他社も比較的簡単に真似することができます。

では、長期的に競争優位性を保つためにはなにが重要かといえば、それは会社の信用力やブランド力だと海山氏は考えていました。

「サイト売買というのは、動く金額も大きく、しかも形あるモノの売買ではないため、最終的には相手が信用できるか、仲介している人が信用できるかという点が非常に重要になります。社歴も浅くて規模も小さいうちの会社ではその点が弱いため、強力な信用力やブランド力をもつ競合が出てきたら戦えないだろうと思っていました」

このように冷静かつ客観的に判断していたため、事業の起ち上げがうまくいったら、あとはブランド力の強い会社にまかせてグロースさせてもらうというイグジット戦略を当初から想定していたのです。

そして、その想定どおり、リリースから1年2カ月後に事業を譲渡しました。

こちらも売却金額などは非公開ですが、「めしレポ」の売却価格よりもだいぶ高い金額で、かつ海山氏が「この金額以下では売らない」と決めていた想定額で売却できたので、金額面ではまったく不満がなかったということです。

スタートアップにメリットの多いイグジット

2件のイグジットについて、海山氏は以下のように総括してくれました。

「ごく特殊なニッチ分野を除いて、たいていの事業は大手企業のブランド力を使ったほうが有利になります。事業をグロースさせるのは、やっぱり大手企業が向いているのです。その一方で、大手はどうしてもフットワークが重いというか、スタートアップのように『面白そうだからとりあえずやってみよう』みたいな感じで事業をスタートすることは、なかなかできないと思います。その意味で、フットワークの軽いスタートアップ企業とか、個人事業が新しい事業を小さく始めて、それほど大きくすることを目指すのではなくて、うまく行きそうだという段階で売ってしまったほうが、メリットがあるなと感じました。

もちろん、自社でグロースさせていくことを目指してもいいのですが、それは新事業を興すこととは違った難しさがあります。うちの場合でも、もし『めしレポ』や『UREBA』を続けていたとして、競争環境が変わらない限り、ある程度成長を続けられたと思いますが、強力な競合が登場したら目も当てられないことになったと思います。それよりも、イグジットで利益の数年分を先取りしておいたことは正解だったと思います」

連続起業家としてのブランド価値を実感

また、2件のイグジットを成功させたことで、海山氏個人に対して、さまざまな事業参加への誘いや出資をしたいという投資家からの申し出、一般にはオープンにされていない投資案件の紹介などが多くもたらされているといいます。かつては知り合えなかったような人脈もでき、現在では海山氏個人のブランド価値が上がったことを、強く実感しているといいます。

「私はデロイト・トーマツ・コンサルティングの出身です。世間的には一流企業と呼ばれているわけですが、同社の中にも何千人も社員がおり、また同社出身の起業家だって、掃いて捨てるほどいます。

さらに、デロイト・トーマツ・コンサルティングと同格、あるいは格上のコンサルティングファームもいくつもあって、それを含めれば自分と同じようなレベルだと見なされる人間は何万人もいるわけです。なので、デロイト・トーマツ・コンサルティング出身というのは一定の価値をもってはいますが、クリティカルではありません。

また、コンサル出身というと『頭が良くて分析は得意なんだろうけど、実行力は弱いよね』みたいに思われることもよくありました。実際はそんなこともないのですが、どうしてもそういうイメージがつきまといます。

しかし、2度のイグジットを成功させたということで、そういう一般的なコンサル出身者へのイメージとはまったく違うイメージで自分が評価されているなと感じるようになりました。これだけの事業をつくって、これだけで売った人、という事業実績、イグジット実績で評価されているということです。そうなると、話を聞いてくれる人のレベルなども変わってきます。その意味で、自分のブランド価値が間違いなく格段に上がったと実感しています」

現在、M&Aイグジットに関心をもつ人やそれを目指す人は増えています。しかし、後継者不在による事業承継型のM&Aは別として、海山氏のように成長事業をゼロから育てて、短期間で売却できる連続起業家は、実際には非常に少ないのです。だからこそ、それを成し遂げた起業家に高いブランド価値が生じるのも当然のことだといえるでしょう。

子どもが望む夢に、お金が理由での制限はかけたくない

最後に、海山氏の今後についてお伺いしたところ、当面は会社として現在の事業を続けていき、次のイグジットは予定していないということでした。また、会社の事業成長は目指すものの、IPOはまったく考えていないということです。IPOをすれば、パブリックカンパニーの経営者として、社会的な責任も格段に大きくなり、それまで以上に仕事中

心の生活とならざるを得ません。海山氏はそうやって会社を大きくさせていくことよりも、家族と過ごす時間や、好きなときに海外旅行に行ける生活を大切にしたいと考えています。

「個人としては、高校時代のスイス留学が今の自分の原点になりました。実は私の兄もフランスに留学しており、兄弟あわせてめちゃくちゃお金がかかっているはずです。子どもだった私たちの意志を認め尊重してくれて、多額の費用まで出してくれた親には、いままでも強く感謝しています。

それがあるので、自分も、まだ小さい子どもたちの将来の可能性は摘みたくないという思いが強いのです。海外留学でもなんでもいいのですが、子どもが自分でなにかをしたいと夢を語ってきたときに、『うちはお金がないからダメ』とは絶対に言いたくありません。そのために、まだ子どもは赤ちゃんですが、中学生くらいになるまでには、ある程度の個人資産を築いておきたいと考えています」

今は、昨年生まれたお子さんと過ごしている時間が一番楽しいという海山氏。連続起業の成功により、家族全員の幸せに近づきつつあります。

連続起業事例紹介2

大切なのはだれと仕事をするか。だから、事業を売ることに躊躇はない

荒川健一氏

株式会社GEホールディングス　代表取締役社長

IT部門を分社化してイグジット（譲渡先は非公開）。

スーパープログラマーを目指した小学生

荒川健一氏が社長を務める株式会社GEホールディングスは、バイオテクノロジー事業を中核として、複数の事業会社が連携しながら7つのライフ＆ヘルス事業を展開している企業グループです。

具体的には、各子会社が農産物の生産、機能性原料の研究・製造、バイオ関連商品の企画開発・販売、治験受託、臨床試験、ビッグデータ収集・解析などの事業ごとに存在して

おり、状況に応じて的確で迅速な意思決定を、責任感をもって自立的に促進できるようにしています。そして、事業会社だけではなく大学や専門機関、また地方公共団体などとも連携し、お客様により喜んでいただける良いサービスを生み出すためのチャレンジを、常に推進しています。またバイオ事業以外に、ロボット事業への取り組みも行っています。（なお、私が運営している株式会社すばるは、現在顧問として同社に関与していることを申し添えておきます）

現在47歳の荒川氏が小学生だった１９８０年代、家庭で使えるパソコンが日本でも登場し始めました。パソコンに強い興味をもった当時の荒川氏が父親に頼んだところ、プログラミングの勉強をするならよいという条件で買ってもらい、さっそくプログラミングの勉強を始めたところ、たちまち才能を発揮。小学生のときから雑誌などに自作プログラムを投稿して賞金を稼ぐようになりました。荒川氏は子ども心に「将来はスーパープログラマーになる」と夢を固めます。

その後もプログラミングの勉強を続け、高校生のときにはシステム会社でプログラミングのアルバイトをして月数十万円を稼いでおり、タクシーで高校に通っていたというエピソードもあります。

ところが平成バブルが崩壊した際に、そのあおりを受けてアルバイトをしていた会社が倒産。当時20歳の大学生だった荒川氏は、倒産した会社の後始末をするような感じで会社を設立して、システムを納入していた顧客を引き継いで開発や保守などのフォローを続けました。

大学を卒業した荒川氏は、大手自動車メーカー系のA社に会社組織というものを理解するために就職をします。しかし、兼業がダメという意識がなかったため、当たり前のように自分の会社も続けていました。

高校生からのアルバイトとその後引き継いだ顧客からの受注によって、荒川氏はすでにかなりの貯金がありました。車が好きな荒川氏は、新入社員なのに高級スポーツカーに乗っているなど金回りが異様に良かったことから、入社3年目のとき兼業が会社に知られて「会社を辞めるか、兼業を辞めるか」と迫られます。荒川氏は、会社を辞めて自分の事業に専念することを決断しました。

経営の師との出会い

1998年、会社を辞めた荒川氏は、友人たちとともに、GEホールディングスの前身となる有限会社グローバルエンジニアリングを起ち上げました。創業メンバーは7名です。

このとき、荒川氏のプログラマーとしての腕を惜しんだA社から、外注先として取引したい旨の申し出があり、在職中に開発をしていた案件をA社からグローバルエンジニアリングが受注して引き続き開発を続けることになったそうです。退職した社員が起業した会社に仕事を発注するなど、A社にとっては異例中の異例だったそうですが、それだけ荒川氏の技術が優れていたということでしょう。

実際、グローバルエンジニアリングは、A社以外からの受注も着実に獲得し、創業初年度から1億円以上の売上を記録しています。創業メンバーだけではまったく仕事が回らなくなり、社員もどんどん採用してトントン拍子で売上高5億、社員30名規模の会社に成長しました。

ところが新規社員が増え、会社の規模が大きくなると、社内での人間関係のトラブルをはじめ、管理上のさまざまな問題が生じるようになってきます。

「そのときになって初めて、『スーパープログラマーでは会社経営はできない』と気づいたのです。それで、きちんと経営の勉強をしなければならないと思い、アメリカの大学院

に留学してMBAコースで経営を学びました」（荒川氏、以下同）

アメリカでの勉強は大変厳しく、卒業論文は3回も不可を出され、4回目でようやく認定されました。何万字もの論文を何度も書き直したため、腱鞘炎になってしまったそうです。

そうして苦労してMBAを取得してから帰国したのですが、アメリカで勉強しているときから、アメリカ流の経営学の根本にある「株主利益の最大化」という考え方に、荒川氏はどうしてもなじめませんでした。そこで、日本で学び直すことを決意し、関西にある某大学の社会人MBAコースに再入学します。ここで荒川氏の人生を大きく変える人物との出会いがありました。それが経営学者のB教授です。

アメリカ流の株主第一主義とはまったく異なり、経営における「大義」を重視するB教授の経営哲学に、荒川氏は深く感銘を受け私淑します。B教授の著書をむさぼるように読み、そこに書かれていた経営の方法を、自分の会社ですべて取り入れたといいます。

そのひとつであり中心となっているのが、「先義後利」という考え方です。義を先んじて利を後にする、つまり、私利私欲を追求する前に、まず大義を考えるべきだ、そうしていれば後から自ずと利益はついてくるという考え方を表す言葉は、GEホールディングスの企業理念として掲げられています。

自己の利益を求める前に、まず自らなにをすべきなのかを常に考え、世のため、人のためになるよう全力を尽くす……。私が知る限り、荒川氏はこれを単なる綺麗事として掲げているだけではなく、自身の生き方として実践されています。ここでは詳しく書きませんが、それを表すエピソードを私はいくつも見聞きしてきました。

起業家のなかには、まず自分の利益を確保することばかり優先する人もいます。もちろん、それはそれで一つの考え方ですし、一定の利益を確保しなければ次のステージに進めないことも事実です。

しかし、私自身が多くの起業家を見てきた経験からいっても、荒川氏のように、ギブ・アンド・テイクも考えずに、まず与えるという姿勢でいる起業家のほうが、長い目で見ると大きな成功をしているように思えます。

バイオ事業に進出

Ｂ教授との出会いは、荒川氏の考え方に影響を与えただけではありません。

あるとき、Ｂ教授から将来の事業ビジョンについて尋ねられた荒川氏は「ＩＴとバイオ技術を融合させて、映画『ターミネーター』のようなロボットを作りたい」と答えます。すると、B教授はそのビジョンに役立つかもしれないからといって、農学部のナンバー2だったC教授を紹介してくれました。C教授が行っているさまざまバイオ技術の実験を見学しているとき、その方法がかなりアナログであり、コンピュータシステムを組めば自動化や省力化ができたり、あるいはデータ分析やシミュレーションなどを効率化できることに荒川氏は気づきました。

そこで、C教授にそれを提案して、実際にそのためのシステムを作ります。そうしてC教授の研究に力を貸したことから、さまざまなバイオ事業の取り組みを共同で開始するようになったのです。

幸いに、バイオ事業を開始して早々、いくつかの特許を取得することができ、また、乳酸菌を配合した石けんが今では全世界から注目される商品になるなど、好調なスタートを切ることができ、以後しばらく、ＩＴ部門とバイオ部門の両輪でビジネスを進めていきます。

祖業のIT事業を分社化して売却

荒川氏が将来のビジョンを問われたときに、「ITとバイオ技術を融合させて、映画『ターミネーター』のようなロボットを作りたい」と答えた背景には、当時の主力事業であったソフトウェア開発の事業に限界を感じていたという理由もありました。

プログラミングにもさまざまなレイヤーがありますが、子どもの頃からプログラミングに親しみ、CPUやメモリの動作そのものを制御するような、機械に近いレイヤーでのプログラミングや、OSのコアの部分（カーネル）を作るような作業にも精通していた荒川氏から見て、現在の高級言語（C++、Javaなど）で既存の部品を組み立てるような開発は、クリエイティブなものではないと感じていたといいます。単純に言えば、売上を100倍にするには、100倍の人工《にんく》を割り当てなければならない、労働集約型事業だということです。

また、近い将来、そのような組立型のプログラミングは、AIに取って代わられるという予想もありました。

そこからは、ターミネーターのロボットのような飛躍的なイノベーションが生まれるとは感じられなくなったのです。

「M&Aイグジットを考えるようになったのは、バイオ事業のほうに経営資源を集中したいという理由もあったのですが、正直に言えば、労働集約型のソフトウェア開発事業に飽きてしまったという理由もありました」と荒川氏は言います。

その時点では、IT部門は高い収益を上げていたので、相応の売却価格が想定されました。高く売れるうちに売ってしまって、経営資源をバイオに集中させたほうがいいと思うようになり、M&Aイグジットを真剣に検討するようになったのです。

そして、2016年に、会社分割のスキームによりIT部門を独立会社（株式会社GEクリエイティブ）として分社化してから、翌年株式100%譲渡でM&Aイグジットをしました。

イグジット対価は非公開ですが、そのイグジットによって得られた対価で、さまざまな医療機関や研究施設が集まる日本で再先発のウォーターフロント都市である神戸のポートアイランドに土地を購入し、自社の研究所を新設し、また、その後にM&Aで企業を購入して、新事業を行う際の資金にもなっています。イグジットにより、GEホールディングスの事業は一気に成長できたのです。

荒川氏のケースのように、M&Aイグジットで資金を得たあと、新会社を設立して新たにビジネスを始めるのではなく、M&Aにより他社を購入して新規にビジネスを始める形で連続起業をすることもよくあります。この場合は、新規事業の起ち上げを効率よくスタートさせるためにも、はるかに短期間で事業領域を拡大することができるのがメリットです。

また、すでに自律的に事業が回っていて、売上や利益が上がっている会社を購入するということは、先に述べた『金持ち父さんのキャッシュフロー・クワドラント』でいうところのB（ビジネスオーナー）になることです。

B（ビジネスオーナー）になることの良さは、自分の時間はあまり使わずに、事業を短期間に拡大することができる点です。このようにして、荒川氏の株式会社GEホールディングスは、現在7つの子会社を傘下に収める純粋持株会社になっています。

M&A交渉を進めるなかで気づいた事業の属人性

私が荒川氏と知り合ったのは、私がまだ前職でM&A業務を担当しているとき（2015年頃）でした。荒川氏からM&Aの相談を受けた私たちは、そのときは売り手と買い手の両者の間に入る仲介ではなく、荒川氏のFA（ファイナンシャルアドバイザリー＝売り手もしくは買い手にM&Aアドバイスをする業務）として関与して、会社分割なども含めたM&Aストラクチャーの設計から、最終契約締結・クロージング（資金決済）までのアドバイザリー業務を担当しました。

荒川氏にとって、GEクリエイティブの売却は初めてのM&Aイグジットであり、最初は右も左も分からなかったため、10社近くのM&A仲介会社で相談をなさったそうです。その中から、最終的には私たちをM&Aのファイナンシャルアドバイザリーとして選んでいただいた理由については、次のように教えていただきました。

「結局、担当してくれる個人の人柄です。M&Aアドバイザリーは転職も多い業界なので、会社で選ぶことはあまり意味がないと思っています。それよりも、ついてくれる担当者個人の力量でパフォーマンスが変わるかな、と。細かいことでも親身になって相談に乗ってくれるとか、レスポンスが早いとか、そういう部分で牧田さんたちは信用できると思って、人物で決めました」

イグジット前のGEクリエイティブは、かなり優良な業績だったために、興味を示してくれる買い手の企業はたくさんありました。荒川氏は20社近くの買い手候補と面談していますが、その中で、社長の役割についての気づきも得られたそうです。

「20社近くの方にお会いしてほぼ毎回議題になったのが、『荒川社長がいなくなっても、現在のGEクリエイティブの高い業績は維持できますか』という点でした。私は正直に言うと『分からない』と思っていました。できるかもしれないけれど、難しいかもしれない。

ただ、そのようにはっきりは言えないので、事業について説明をすればするほど、自分がいなくても完全に回っていくような会社にはできていなかったんだなというジレンマを感じていました。これは経営者としての反省点です」

一般的に中小企業では、製造や営業などの現場業務に関しても社内で社長が最も優秀であり、その優秀な社長が現場業務に入っているからこそ、競争優位性が保たれているということがよくあります。

すると、買い手企業からすると、M&A後も2～3年くらいは社長に残ってもらう（これを「引継業務」といいます）ことを買収条件としたい、それができないのであれば買収できない、あるいは買収金額を引き下げざるを得ないということになりがちです。
しかし、多くの場合、売り手は売却を決心している時点で、その事業ではなくて別の事業や家庭に注力をしたいと考えています。この両者の齟齬は、M&Aの取引でよく問題になる論点であり、荒川氏のケースはまさにその典型でした。
M&Aにおいては、さまざまな論点が現れます。譲渡価格もその一つですし、社長の引継業務をするのか、しないなら次期社長をどのように選定するのかといった点もその一つです。他にも、従業員の処遇、売却までの期間、社名を残すのか残さないのかといった点など、非常に多岐にわたる条件のすべてを満足させてくれる買い手を探すことは、現実的にはかなり難しくなります。そこで、どんな条件を優先させるのか、優先順位を明確に決めておくことが、売り手にとってのM&A成功の要諦です。

「そもそも私がM&Aを決心した理由の半分くらいは、ソフトウェア開発事業よりもバイオ事業に可能性を感じていたということです。直接的に人のためになっていると感じるバイオ事業に注力したいと思っていたので、引継業務がないことは絶対の条件でした」

結局、すでに同業での事業経験があることから、荒川氏の引継業務を条件としなくてもいいという買い手が現れたので、その会社が売却先として選ばれることとなりました。

大切なのは、なにをするかではなく、だれと仕事をするのか

荒川氏は、常々、経営者として一番面白いのは人を育てることだと言っています。また、事業をしていくうえで大切なことは、どんな会社でどんな事業をするかということよりも、だれと仕事をするかだと考えています。

人をベースに発想する考え方が荒川氏の基本になっているのです。そのため、逆に会社という枠組み自体にはあまりこだわりがなく、IT部門の売却に際しても特にわだかまりはなかったそうです。また、育てた人が去ってしまうこともありますが、それもその人の人生なので仕方ないとも考えています。人を大切に考えることと、無理に関係を続けたり押しつけたりすることとは、まったく異なることだからです。面白いのは、辞めていった社員が数年後に、やっぱりこの会社で働きたいといって戻ってくることがよくあるということ。もちろん歓迎して受け入れています。

そうやって、多くの人と関わりながら、将来的にはIPOとその後も視野に入れた、成長戦略を描いています。

「マグロみたいなものです（笑）。常に動き続けて、新しい事業をしていないと死んでしまう性格で、じっとしていられないんです」

冗談めかしてそう語る荒川氏ですが、その性格があったからこそ連続起業家として成功してきたのでしょう。常に動き続ける荒川氏が今後どのようなビジネスを展開するのか、私も楽しみにしています。

連続起業事例紹介3

18年間経営した会社をPEファンドに売却。新事業で世界を目指す

田島慎也氏

株式会社DADACA　代表取締役社長

株式会社オールハーツ・カンパニーをユニゾン・キャピタルに株式譲渡でイグジット。

数々のヒット商品を生んだオールハーツ・カンパニー

「マジカルチョコリング」や「とろなまドーナツ」、それに「ねこねこ食パン」……。これらの大ヒット商品をはじめとして、多くの人に愛される数多くのパンやスイーツを生み出してきた株式会社オールハーツ・カンパニー。主要ブランドであるベーカリーの「ハートブレッド　アンティーク」は、国内外に約70店舗を出店しており、よく利用して

いる読者もいるかと思います。

同社は「ハートブレッド　アンティーク」以外にも、スイーツの「Ｐａｓｔｅｌ」や、本格的なバケットを主力とする「ｂａｇｕｅｔｔｅ　ｒａｂｂｉｔ」、高級食パンでありながらかわいい形でSNSでもバズった「ねこねこ食パン」など、複数のベーカリーとパティスリーのブランドを展開する、日本でも有数のベーカリーチェーンです。

弱冠20歳のときに夫婦で開業した小さな街のベーカリー、「パン厨房　アンティーク」を、ここまでの企業に育て上げたのが、創業者の田島慎也氏。

その田島氏は、２０２０年12月に、保有していたオールハーツ・カンパニーの全株式を、プライベート・エクイティ・ファンド（以下、ＰＥファンド）のユニゾン・キャピタルに売却し、同社代表取締役を退任しました。その後、現在は、新しいビジネスとして、高級チョコレートブランド「ＣＡＣＡＯＣＡＴ」を起ち上げました。

田島氏のユニゾン・キャピタルへのＭ＆Ａイグジットに関して、私たちは仲介会社としてお手伝いをさせていただきました。今から振り返っても、田島氏の想いが十分に反映された、最適なディールだったのではないかと考えています。

なぜ、田島氏は20年近くかけて育ててきたオールハーツ・カンパニーを売却したのか、次の起業にはどんな思いが込められているのかなどを、ここでご紹介させていただきます。

（なお、起業当初の社名は株式会社CLUB ANTIQUEで、2017年に株式会社オールハーツ・カンパニーに社名変更をしていますが、煩雑さを避けるために、以下ではオールハーツ・カンパニーで統一して記述します。）

急成長から経営危機へ

田島氏がパン作りに目覚めたのは高校生のときでした。地元のパン屋さんでアルバイトをするうちに、小麦粉というシンプルな材料から無限の味の変化を生み出すパン作りの面白さに取り憑かれました。

高校卒業後は調理師専門学校に進み、卒業後、2002年に愛知県東浦町で「パン厨房アンティーク」を開店します。田島氏は20歳で、スタッフは奥様とアルバイトが2人いるだけの、どこにでもありそうな小さな町のパン屋さんでした。しかし、田島氏がパン作りにかける情熱は希有なものであり、寝ても覚めてもパンのことだけを考えていたそうです。

「その当時、自分が世界一のパン職人になれるかどうかは分かりませんでしたが、今世界で一番パンのことを考えているのは自分だという気持ちはありました」。（田島氏、以下同）

その熱意が実り、売上も徐々に伸びていきます。最初に大きく飛躍するきっかけになったのは、田島氏が考案した「チョコリング」の大ヒットで、以後売上が急増します。

２００４年には株式会社を設立。そして創業から5、6年後には月商が７０００万円に達し、これはベーカリーの1店舗としては、日本一の売上高だったそうです。

好調な売上を背景に、支店を増やして多店舗展開するとともに、スイーツ分野にも業務を広げます。この頃から、田島氏はスターバックスやマクドナルドのような世界に展開できるチェーンを自分のベーカリーでも実現できないかと考え始めます。

そして、開業から10年経った頃には売上高42億円を記録しました。

まさに右肩上がりの急成長ですが、その年をピークに一転してアンティークの業績は下降に転じてしまいます。数年後には、30億円程度にまで落ち込んでしまいました。

その売上が落ち込んだときが、人生のターニングポイントだったと田島氏は振り返っています。

「結局、自分はパン職人ではあったけれども、経営やビジネスというのが全然できていなかったということです。実際、私が会社全体の経営数字を見るのは年に1、2回、決算のときくらいでした。経営数字自体に興味がなかったし、良いものを作って売ることしか考えてなくて、どうやって利益を増やすかといったことは一切考えていませんでした。業績が落ちるのも当然でした」

会社がつぶれるかもしれないという危機感をもった田島氏は、そこから経営の勉強を始めます。それ以前は、自宅の書棚にはパン作りなど料理関係の本しかなく、経営関係の本など1冊も読んだことがなかったそうですが、著名経営者が書いた経営指南書などを読みあさるようになりました。

「経営者といってもさまざまなレベルの人がいますが、何千億円、何兆円という規模の大会社をつくった名経営者、例えば、稲盛和夫さんや、孫正義さん、柳井正さんなどの著書には『さすがだな』とうならされる内容が多く必死で読んで勉強しました。そこで感じたのが、自分は右脳を使ったクリエイティブなモノ作りは得意だけれど、それだけだと会社を成長させることはできない、事業をロジカルにとらえてしくみ化していく左脳を使った思考が必要だということです。両方必要でバランスが大切なのに、それまで右脳ばかりを使っていた。そこで、そこから数年間はあえてクリエイティブな右脳思考を捨てて、左脳のロジックを中心として経営をしていこうと決意し、それを実践していくうちに、だんだん業績も良くなってきました」

このときに、自社をいわば再生させた経験が、オールハーツ・カンパニーのその後の大きな発展の礎となります。

M＆A買収により、着実に成長を続ける

一時業績が低迷していた自社を復活させた田島氏は、さらに事業を拡大するために、M＆Aによる企業買収を進めていきます。最初に買ったのは、以前からOEMで製造を委託していたラスクの製造会社で、社長が高齢で後継者も決まっていないという話を聞いて、田島氏が直接「会社を譲ってくれませんか」と交渉して譲り受けました。

その会社はきちんと利益も出ている会社で、それまで経験がなかった工場での生産管理

や利益管理を実地で学んでいきます。

次はケーキ店の「ピネード」を買収して、スイーツ事業での利益の出し方を学ぶなど、利益を出している他社の買収からそのしくみを学んで、経営の幅を広げていきます。

結局、計7社の買収をしましたが、最後に買収した「パステル」は、買収時点では大きな赤字を出している状態でした。しかし、過去に自社の業績を復活させ、またさまざまな会社の買収を通じて、ベーカリーやスイーツでの利益の出し方をかなり理解していた田島氏は、もともと親しい知人でもあったパステルの役員から懇願されたこともあり、その再建にチャレンジします。

そして見事に短期間で経営を立て直して、黒字体質にすることができました。これらの買収した会社が、現在もオールハーツ・カンパニーの各ブランドを形成しています。

多くの会社をM&Aで譲り受けていくにつれ、会社の規模が大きくなることはもちろん、事業内容もだんだん変わっていきます。田島社長はそういった「変化」を非常にポジティブにとらえており、むしろ変化することが重要だと常々考えていました。それは、会社というものが変化を求め続けなければ停滞して、やがて衰退していってしまうものだということを、かつての業績低迷の時期に痛感しているためでもあります。

そして、田島氏自身にとっても、人生に最大の変化をもたらすM&Aによるイグジットという決断が訪れるわけですが、その前にあったＩＰＯの検討について触れておきます。

ＩＰＯ準備中に起こった予期せぬオファー

Ｍ＆Ａでの買収を経て、事業規模が拡大していくなかで、田島氏は会社のＩＰＯの必要性を感じ始めました。ベーカリーのような店舗型ビジネスにおいて、グローバル展開まで視野に入れた持続的な成長拡大を目指していくなら、資金調達は生命線となります。

また、ベーカリー業界は一般的に、労働集約的な面が色濃く残っており、職人は毎日早朝から忙しく働かなければなりません。働き方改革による労働時間短縮といった世間の流れからは、外れている業界であり、田島氏は大型の設備投資などによって、その点もどうにかして改善したいと考えていました。

会社の成長や社員の待遇改善を考えると、ＩＰＯによる調達は避けては通れないと判断した田島氏は、２０１５、６年頃からＩＰＯを目指して、具体的な準備を進めてきました。元来、田島氏は自由にクリエイティブを追求する生き方を好む性格です。そのため、行動が制限される上場企業の経営者になるということに対しては、消極的な気持ちもありました。

しかし、先に述べたように、会社や社員のためには必要なことであるという判断から進めてきたのです。

ところが、２０２０年に想定外のコロナショックが発生します。緊急事態宣言が発令されるなか、オールハーツ・カンパニーの各ブランドもかなりのマイナス影響を受けました。一時的には出た店舗のマイナス影響も、ＳＮＳを中心として「ねこねこ食パン」「ねこねこチーズケーキ」がブームとなり、早い段階で業績は回復しました。

しかし、コロナによる緊急事態宣言が発令されＩＰＯ審査も動きが遅くなり、上場予定日が予期せず伸びるなか、とある事業会社から田島氏のもとに一通のレターが届きました。その事業会社は非常に有名な会社であり、そのレターには次のようなメッセージが込められていました。

「Ｍ＆Ａでグループ化し、一緒に事業を盛り上げていきましょう」

事業会社からの予期せぬオファーを受け、田島氏は非常に悩むことになりました。

「白分自身としてはＩＰＯへの執着は薄いものの、会社の成長を考えればＩＰＯを推進したほうが望ましい。特にＩＰＯを支えるオールハーツ・カンパニーの社員、脇を支える主幹事証券や監査法人等を裏切ることにならないか、しかしこの仕事を、今後5年10年、と続けていくことが自分の望んでいた道だろうかと悩むようになりました。その狭間で悩んで、眠れない夜も多くなりました」

長い時間悩んだ末に、田島氏は、会社を成長させるという点においてよりシナジーを発揮できる事業会社や自分よりもＩＰＯを志向する経営者に経営をバトンタッチすることが、自分にとっても会社にとってもベストな選択だと結論づけました。

そして、私たちも交えて某事業会社とのＭ＆Ａを検討し始めたのです。

カルチャーを継続したままの成長を重視

当初、田島氏は、某事業会社を中心としてベーカリーチェーンや製パンメーカー、あるいは菓子メーカーなどの同業他社や周辺業種への譲渡を考えていました。これらの企業と結合すれば、シナジー効果や規模の経済の効率化などによる成長の促進が見込めます。

しかし、オールハーツ・カンパニーは業界の中でも高成長を実現してきた会社であり、同業種にはオールハーツ・カンパニー以上の高い成長を続けている会社が、ほとんどありませんでした。自社よりも成長性が低い同業他社の子会社になることには、あまりメリットが感じられませんでした。

また、同業以外の周辺業種、例えば外食産業や小売業なども検討の俎上に上りました。

しかし、そういった他業種では、PMI（M&A後の経営統合）の中で、田島氏はじめ、オールハーツ・カンパニーのメンバーが長年かけて築いてきたカルチャーが大きく変えられてしまうのではないかという危惧がありました。実際、M&Aにおいて、そういう事例は少なくないのです。

オールハーツ・カンパニーは、田島氏の世界一のベーカリーになりたいという夢を起点に創業され、なによりももの作りのクリエイティビティが重視されてきた会社です。経営危機を経て、ロジカルな数字面も重視するようになっていますが、クリエイティビティを軽視しているわけではなく、ロジカルとクリエイティブが欠かせない両輪となっています。

例えば、本社内に、スタッフの知識やスキルの向上を実現するための教育機関「オールハーツカレッジ」を完備していることなども、その表れの一つです。社員の多くは、そういうカルチャーに憧れて同社に入ってきますし、それが同社の強みでもあります。

M&Aで事業会社に買収された場合は、どうしても買収先企業との制度、文化の統一がある程度必要になるため、そういったカルチャーが継続されるかどうかが田島氏の最も懸念する事項となりました。

PEファンドを買い手候補とする

そこで、売却先候補に挙がったのがPEファンドです（PEファンドについてよくご存じないかたもいると思いますが、そのしくみについては次の第3章で改めて説明します）。PEファンドへの売却というと、ネガティブなイメージをもつ人もいるかもしれません。しかし、PEファンドは（ファンド会社にもよりますが）企業価値を高めて成長させるという点においては、事業会社よりも豊富な経験をもつことが少なくありません。

また、自らの実業というのがない（厳密には、投資・管理・運用業務になりますが）こともあり、基本的に売り手企業がもともともっていたカルチャーには手をつけず、そのまま維持継続されることが普通です。いわゆる「ハンズオン」による経営改革は実施されますが、それは従来とは異なる合理的な経営管理やアプローチによる収益向上や非効率的な部分を改善して効率化するといった面が中心で、組織文化を大きく変えてしまうような施策は、普通は行われません。

簡単に言うと、その会社らしさを残したままで成長させていくのが、PEファンドの手法なのです。

ただし、買い手となるのがファンドであったとしても、オールハーツ・カンパニーが大切にしているクリエイティブ的な面をどれだけ理解してくれるのか、それに伴う社内風土を理解し社員を大事にしてくれるのか、田島社長の懸念はそこでした。

「ファンドの人が、ロジカルな面に強いということは分かっていました。しかし、私たちのブランド価値は、高いレベルのクリエイティブがあるからこそ生み出されているのです。そしてそれを支えるのは、高い志をもった社員でした。それらの点をどれだけ理解してくれるのか心配だったのですが、ユニゾン・キャピタルの人たちと話したとき、最初からそれを非常に深く理解していただいていることが分かりました。事業会社、ＰＥファンドあわせて10社ほどの買い手候補の人とお会いしたのですが、ユニゾン・キャピタルの方たちがこの点を最も理解してくれそうであったという感じでした。自分が人生をかけて築いていた会社と大切な社員を、この人たちになら安心して任せられると感じて、Ｍ＆Ａすることを決意しました」

自分が心血を注いだ会社の評価という意味では、譲渡価格も気にはなったそうです。しかし、田島氏にとって、それは二の次、三の次でした。

今回のM&Aにおいて田島氏がなによりも重視したことは、オールハーツ・カンパニーの良いカルチャーを残したまま、会社を成長させてもらえるかどうか、そしてその結果として社員が幸せになれるかどうかという点だったのです。

そこにぴったりの相手とすぐに出会えたため、短期間で最終合意までこぎつけることができました。

会社が高い成長を続けるためにバトンをつなぐ

とはいえ、18年も運営してきた会社を売却することは、相当大きな決断であり、心理的な抵抗もあったのではないかと思われます。

「18年間会社を続けてきて、その途中までは、できれば自分の子どもに引き継がせて、自分が死ぬまで、あるいはその後もずっとファミリーで関わっていたいと思っていました。しかし、経営の改革を進めたり、他社をM&Aしていくなかで、だんだん考え方が変わってきました。やはり、時代の変化がどんどん速く、しかも大きくなってきているので、ある業種とか事業モデルが通用する期間も、どんどん短くなっています。その状況で企業が生き残るためには常に変化を続けなければなりません。

しかし、同じ経営者、あるいはその考えを受け継いだ子どもが経営を続けていると、どうしても根本的に変わるのは難しいんじゃないかと思うのです。

本質的に変化するためには、一定期間ごとに新しい血というか、それまでと大きく違う志向性の人物を経営トップに入れて、経営を刷新していくことが必要でしょう。同じ人間や同じ親族がずっと経営トップに居座るんじゃなくて、そうやってバトンをどんどんつないでいくのが、現代的な経営のあり方として正しいと、今は考えています。それも企業の成長段階とか、経営環境が変化したら、なるべく早めにバトンタッチすることが重要だと思います」

本原稿を執筆している時点では、経営が移行してから2カ月も経っていないので、M&A後の会社の成長云々を評価することはまだできません。

しかし、田島氏が見ている限りでは、スムーズに新体制への移行が進んでいるそうで、やはりこのタイミングで、この相手に買ってもらってよかったと安心しているそうです。

世界を目指した新たなチャレンジがスタート

田島氏自身は、現在、世界を相手にした新事業への取り組みを開始しました。その新事業とは、日本発の高品質なチョコレートをグローバルに販売するビジネスです。会社名は「DADACA」、ブランド名は「CACAOCAT」で、猫のひっかき跡のような模様がトレードマークの、かわいいチョコレートを製造・販売しています。

2021年2月には、東京・白金台に第1号店舗がオープンしました。

オールハーツ・カンパニー時代から、グローバル展開を目指していた田島氏。しかし、そのときの成果は、台湾の1店舗だけでした（中国にも1度進出していますが、うまくいかずに撤退）。その理由の一つには、作りたてを食べるのが基本で日持ちがしないパンという商品の特性もあったと田島氏は分析しています。

そこで新事業では、スイーツの中でも長期保存が可能で、小さい割には比較的高価であることなど、グローバルに展開するうえで有利な特性をもったチョコレートをメインの商材に据えました。

「日本で成功してから世界へ出るという考え方ではなく、世界中の人が好む、日本発の高品質な製品で、最初からグローバルにビジネスをするつもりです。とりあえず、5年後の売上高100億円を目指しています」

田島氏が20歳で起業して、最初は、どこにでもあるような町のベーカリーからコツコツと成長させてオールハーツ・カンパニーを120億円規模の会社に育てるまで、15年以上の歳月が必要でした。

しかし、これまでのオールハーツ・カンパニーの18年の経営、業績低迷期からの復活、数多くのM&Aによる成長、ここでは書ききれない数多くの経験を今では田島氏はもっています。その経営力を活かして5年で100億円規模という短期間での成長目標を掲げられているのは、まさに連続起業家の面目躍如です。

田島氏の考えるヒットを生む秘訣

18年間のオールハーツ・カンパニー時代に、数々のヒット商品を生んだ田島氏。新事業でも必ず大ヒットを生み出すものと思われます。

その田島氏に、連続起業を目指す人に向けたヒントとして、ヒット商品を生むコツを聞いてみました。

「実は、失敗もすごくたくさんしているんです。特にブランドは、つくるのは簡単ですけど、収益を上げるまでに育てるのは時間もかかるし、なかなかうまくいきませんでした。そのため、すでにできあがっているブランドを買うというのは、一つの良い選択だと思って、前社のときには買収を重ねました。ただ、今回、いったんすべてがリセットできたので、シンプルにゼロから新たなブランドづくりにチャレンジしています。

そのときに大切なことは2つあって、1つは情報の蓄積と経験値です。なんだかんだいって、高校生のときからパン作りのことばかり考えてきた情報の厚みは、やはり役立っていると感じます。そして、失敗してもいいのでいろいろトライして経験値も蓄積することです。アイディアを考えるうえで、情報と経験値のある程度の厚みは、やはり必要だと思います。

もう1つが、複数のトレンド要素を掛け合わせることです。例えば「ねこねこ食パン」は、ブームになっている「猫」と「高級食パン」、そして「インスタ（SNS）映え」という3つの要素の掛け合わせで開発しました。

すぐにいろいろな情報にアクセスできる現代に、ひとつの要素だけで、これまでになかったまったく新しい商品を作ることは難しいでしょう。複数の要素を掛け合わせればそれが比較的容易になると思い、常に意識しています。これを意識するようになってから、少なくとも大外しはしなくなりました」

連続起業を目指す読者の皆さまの参考にしていただければと思います。

連続起業家への第一歩

事業の価値を高め、
高額イグジットを目指せ

第3章

イグジットを目指すなら買いたいと思われる会社をつくる

連続起業のためには会社や事業をM&Aイグジットすることが近道です。IPOイグジットを最初から目指すという方法もありますが、多くの場合、それはかなりハードルが高いでしょう。ここでは、とりあえずM&Aイグジットを目指すこととして説明します。

M&Aイグジットをスムーズに実現するためには、イグジットしやすい会社、つまり買い手が「買いたい」と思う会社や事業をつくることがポイントです。

また、同じイグジットを目指すのであれば、できるかぎり高い譲渡価格で売りたいと考えるでしょう。譲渡価格の考え方については次章で詳しく説明しますが、基本的にはM&A市場も市場なので、市場原理すなわち需要と供給の原理で価格は左右されます。需要が大きい、多くの買い手が「買いたい」と思う会社なら、譲渡価格も高くなりやすいということです。

ただし、M&A市場以外の外部環境によってM&A市場全体の盛衰が影響され、市場全体のM&A取引の活発度や平均的な価格水準が変わることがあります。

M&Aイグジットの売りやすさや価格水準は、外部の偶発的な要素にも左右されてしまうということです。

例えば、2020年に安倍内閣から菅内閣に替わりデジタル行政の推進がうたわれて、いわゆる「脱ハンコ」が急速に進んでいます。この流れは不可逆的で、将来総理大臣が替わり、内閣が替わったとしても「やっぱりハンコに戻そう」ということには絶対にならないでしょう。

そのため、印鑑を売っているだけの「町のはんこ屋さん」をいまからM&Aで買って印鑑ビジネスをやりたいという人は、ほとんどいないでしょう。もしあるとしても、せいぜい業界内での合従連衡ですが、それで買われるとしても買収価格は相当に低いものとならざるを得ないでしょう。これが、2、3年前なら、状況はまだぜんぜん違っていましたし、もし総理が他の人になっていれば、多少は違っていたかもしれません。

このように、会社の売りやすさや譲渡価格は、外在的、偶発的な要素にも左右される面があります。

一方、経営者が自分でコントロールできる内部的な要素もたくさんあります。言い換えると、売りやすい会社や事業は、ある程度狙ってつくれるということです。

また、既存の会社や事業を、そのような性格に変えていくことも可能です。

ただし、そうはいっても、現状で売りにくい会社が、来月や再来月には売りやすい会社に変えられるかといえば、それは難しいでしょう。組織構造やビジネスモデルを変えるには、それなりに時間がかかるからです。

そこで、一番いいのは、最初に起業をするときから、イグジットを見越して、意識的に売りやすい会社をつくっていくことです。もちろん、実際には創業期にはさまざまな制約があるため、事業づくりや組織づくりもなかなか理想どおりには進みません。

しかし、売りやすい会社の条件をまったく知らないのと、知っておいて多少でも意識して会社づくりを進めるのとでは、時間が経てば大きな差になるはずです。

本書の読者に、連続起業家を目指して新規起業を考える方がいれば、その点を意識した事業づくりや会社づくりを心掛けるといいでしょう。

また、すでに事業を運営している経営者の方なら、実際のM&A活動に入る前に、少し時間をかけて、売りやすい会社にブラッシュアップしてからイグジットを目指したほうが、急がば回れで、よい結果になることも多いと思われます。

買い手がなにを求めているかを知る

M&Aイグジットは、ドライにいえば、会社や事業を「商品」として売るということです。

もちろん、ほとんどの経営者は、自分の人生の大部分をかけて起業して会社を育てているでしょうから、そうドライに割り切れない気持ちがあるはずです。また、苦楽をともにした社員の気持ちや生活を考えたときにも、会社は商品だといい切ってしまうことには抵抗を感じるかもしれません。

しかしM&Aイグジットを純粋に経済的な行為として見れば、会社（株式）あるいは事業を売却してその対価を得るとき、会社は売買の対象となる商品だということになります。

他の一般的な商品を開発して販売するときと同様、売れる商品を作るためにはまずマーケットを知らなければなりません。マーケティングにおいて、プロダクトアウトが先か、マーケットインが先かという議論は昔からありますが、少なくともPMF（プロダクト・マーケット・フィット）をまったく考えずに商品販売が成功することはまれでしょう。

そこで、M&Aイグジットにおいても、マーケット、つまり「買い手」がなんのために、どんな気持ちで会社を買うのかを理解することが、ポイントになります。そのうえで、そこにフィットした会社とはどんな会社かを考えるのです。

ここでもう一つ確認しておかなければならないのは、M&Aの買い手になるのは、大きくわけて事業会社（個人事業主も含む）と、ＰＥファンドがあるという点です。

事業会社とＰＥファンドとでは、Ｍ＆Ａの目的が異なります。そのために、求める売り手の内容も微妙に異なってきます。

事業会社がＭ＆Ａで他社を買う目的

事業会社の場合、Ｍ＆Ａによる買収の目的にはさまざまなものがありますが、大きくわけると①事業規模拡大、②事業領域拡張（多角化）の2点から説明できるでしょう。

また、規模拡大と多角化のそれぞれにおいて、③シナジー（相乗効果）や相補効果と、④時間短縮という「効果」が求められることもあります。①と②がどちらかといえば経営戦略レイヤーに属するものであるのに対して、③と④は事業戦略レイヤーに属すると考えられるかもしれません。

① 事業規模拡大

事業規模拡大を主目的とした会社統合（事業統合）には、水平的統合と、垂直的統合とがあります。

水平的統合とは、例えば、アパレルブランドが、別のアパレルブランドを買収して、ブランドラインナップを拡張したり、小売店が小売店を買収して店舗数を増やしたりするケースです。また、人員の増大がビジネスモデル上不可欠でありながら、構造的に人手不足の業界、例えば介護業界やＳＩｅｒ（システムインテグレーション業者）、人材派遣業者などにおいては、人員を増大するために、一定の人員を抱えている他社を買収することがよくありますが、これも水平的統合の例でしょう。

水平的統合により市場占有率が高まれば、そのこと自体が競争優位性を高めます。また、調達や生産などにおいて、規模の経済性が発揮されることでコストダウンも可能になります。

一方、垂直的統合とは、例えば卸売業者が小売店を買収する、出版社が印刷会社を買収する、あるいは金属加工業者が金型製造業者を買収するといった形で、サプライチェーンの上流、あるいは下流にある会社を統合する形です。サプライチェーンのコントロールできる範囲を広げることで、経営資源の効率的活用が可能になるとともに、独自の機能の結びつきが競争優位性の源泉となり得ます。

②　事業領域拡張（多角化）

事業規模拡大は、M&Aによって既存事業を水平的または垂直的に拡大することでしたが、既存事業とは異なる新領域に進出するためのM&Aもあり得ます。いわゆる事業多角化です。

市場環境は常に変化しているため、永続的に成長する事業はあり得ません。事業も人間の人生と同じように、誕生から成長、成熟、衰退を経て、死に至ります。これを事業単位で見れば事業ライフサイクルと呼ばれ、製品単位で見れば製品ライフサイクルと呼ばれます。

例えば、かつて「そろばん」は一家に一台どころか、一人一台の割合で普及していました。町中には「そろばん」教室が溢れて、多くの子どもがそこに通っていました。

しかし、安価な電卓の登場、普及により、そろばん事業は衰退して、多くのそろばん教室は静かに死を迎えました。そのとき、そろばんがまだ成長を続けている段階で、そこから生み出される資金を使って、例えば、そろばん教室と並行して英語教室を開催していた事業者は、そろばん教室が立ち行かなくなっても生き残ることができたでしょう。

また、電卓もかつては一家に一台は必ずありましたが、パソコンやスマホアプリに代替されて、市場規模は縮小を続けています。そして、現在は隆盛を極めているスマホも、いずれは衰退期を迎えるはずです。

このように、どんな事業や製品も必ず衰退していく時期があるため、会社が成長を続けるためには常に新しい事業領域を拡張していかなければなりません。

しかし新領域はノウハウがないため、自社でゼロから開発するのは難しく、時間もかかります。そこで、M&Aにより事業を買収して多角化を進めるのです。

なお、多角化にも細かくいえば既存事業の隣接領域や関連領域を開発する関連多角化と、まったく関連性のない領域に進出する無関連多角化とがあります。

③シナジー（相乗効果）や相補効果

事業規模拡大の場合でも、事業領域拡張の場合でも、事業統合においては、単なる拡大、拡張だけではなく、シナジーが求められることが一般的です。シナジーは日本語では

「相乗効果」といいますが、「乗」の字が表しているように、単なる総和より大きな効果が得られることを指します。

例えば、Ａ事業で売上高１００億円を上げているＢ社が、売上高50億円のＣ事業を行うＤ社を買収したとします。Ａ事業とＢ事業が組み合わされることで、それまでよりも便利になり、売上高が伸びて計２００億円の売上高になったとします。こういうとき、シナジーがあったといえます。例えば、コンビニエンスストアチェーンが銀行を買収して、店舗にＡＴＭを置くことで、来客を増やしかつＡＴＭ利用料の収益も上げるといったケースです。

この場合は販売シナジー（販売チャネルなどの共通化）に含まれます。経営学者のアンゾフは、その他に、生産シナジー（生産設備や原材料調達の共通化）、経営シナジー（人材や経営ノウハウの共通化）、投資シナジー（技術投資やブランド投資の共通化）などのシナジーを規定しています。

また、冬に売上が伸び夏には落ちる商品（スキー板など）を製造しているメーカーが、逆の季節特性をもつ商品（水着など）を製造しているメーカーを買収することで、一年を通じて安定した売上を得ようとするケースがあります。

また、スキー場を経営している会社がキャンプやバーベキューのノウハウをもつ会社を買収して夏場にスキー場をキャンプ場に転用したりすることもあります。こういう場合は、シナジーではなく相補効果といいます。

単に規模を拡大するだけではなく、このようなシナジーや相補効果が見込めることも、買い手がM&Aを望む大きな理由になります。

④時間短縮

事業規模拡大（水平統合、垂直統合）にしても、事業領域拡張（多角化）にしても、自社で一から取り組むことも、もちろん可能です。時間と人員などのリソースに余裕がある場合は、そうすることもあるでしょう。

しかし、そのようにのんびりした姿勢では、競争に勝ち残ることが難しくなります。

そこで、すでに事業や製品、ブランドなどができあがっていて、短期で収益化できる企業にM&A投資がなされます。自社でゼロから育てる場合に比べてコストがかかるにしても、「時間を買う」という意味を含めて考えて有利だと判断されれば、M&A投資が実行されます。

特に、環境変化の激しいテック系の事業領域においては、それが顕著です。だからこそ、第1章で見たとおり、GAFAMはM&Aで多くの企業を買いまくっているのです。日本でも、日本電産のように、M&Aを積極的に活用して急速かつ持続的に規模拡大を続けている先進的な企業はいくつかあります。

事業会社を買い手としたM&Aイグジットを考えるのであれば、自社が①～④のどの点で、他企業にとってメリットをもたらすことができるのか、という視点から事業を見直してみると良いでしょう。

PEファンドがM&Aで他社を買う目的

M&Aイグジットというと、他の事業会社に売却して子会社、グループ会社になるというイメージが強いのですが、PEファンドへの売却も、徐々にその割合が増えてきています。

前章での、オールハーツ・カンパニーの田島氏の事例でも、買い手はPEファンドでした。PEファンドについては詳しくご存じない読者もいると思いますので、ここで簡単に説明をしておきます。

PEファンドのしくみ

まず「ファンド」とは、複数の出資者から資金を集めて、まとまった資金をつくり（もともとは、このまとまった資金がファンド＝基金と呼ばれます）、その資金をなんらかの対象に投資をして、投資から得られた利益を出資者に分配するというしくみのことです。また、ファンドを運用するファンド会社のことを、単にファンドと呼ぶこともあります。ファンドにも多くの種類があり、よく一般の人が購入している「投資信託」もファンドの一種です。

M&Aで登場するPEファンド（プライベート・エクイティ・ファンド）は、主として非公開企業の株式に投資をするファンドです。プライベートは非公開企業のことで、エクイティは株主資本（株式）を指します。

PEファンドに出資をするのは、国内外の、年金などを運用する機関投資家、金融機関、事業会社、個人投資家などです。一つのファンドは、小さい規模で数十億円、大きくなると数兆円規模になります。そのお金で複数の未公開企業に投資をして回収していきます。

ＰＥファンドの投資形式にもさまざまな形がありますが、最も基本的なのは起業家がもつ株式のすべて、あるいは大部分を買い取って、経営支配権を掌握する方法です。

会社の最終的な意志決定者は株主であり、発行済み株式の議決権数の3分の2以上を取得している株主が、会社の解散を含めて、重要事項をすべて決定する権限をもちます。

そこで、ＰＥファンドは原則的に3分の2以上の取得により、経営支配権を獲得します。そのうえで、通常はさまざまな経営改革の施策を実施して、その会社の業績をアップさせて、企業価値を高めます。経営に関与することを「ハンズオン」といいます。どれくらいの範囲や深度でハンズオンをするのかは、各ＰＥファンド会社の考え方や投資案件によって異なり、それがＭ＆Ａで買い手を選ぶときの一つの論点になります。

ＰＥファンドは、通常だと、3～5年程度の間株式を保有して、その間に業績をアップさせてから、買ったときよりも高い価格で株式のイグジットをして投資回収をし、利益を得ます。

そうして得た売買利益から、自分たちの手数料や成功報酬を差し引き、残りを出資者に分配するというのが、ファンドのビジネスモデルです。

なお、買収から3～5年後におけるＰＥファンドのイグジットは、他のファンドや事業会社に売るM&Aイグジット（これをトレードセールといいます）が大半ですが、IPOイグジットとなる場合もあります。これは、会社の状況や経営者の希望、PEファンドの収益などを総合的に勘案して決められます。

よく「PEファンドは数字だけを見ているから、コストカットのために容赦なくリストラをする」とか「PEファンドに会社を売ると、その後で自分たちが望まないところに転売される」と思っている方がいますが、それはほぼ誤解です。

なぜなら、そんなことをすれば経営者や社員のモチベーションが下がり、業績をアップして企業価値を向上させるという本来の投資目的が達成できなくなるためです。PEファンドもたくさんあるので、なかにはそういうPEファンドが絶対にないとは断言できませんが、少なくとも私が関わった中には存在しませんでした。

PEファンドの投資計算

事業会社の場合は、経営統合によるシナジーや時間短縮という効果を重視し、それらが生まれやすい会社が好まれます。

一方、PEファンドの場合は、当然ながらファンド自身の事業シナジーという考え方は基本的には生じません。ＰＥファンドが投資をするにあたっては、その会社の将来の収益見込みに基づく投資回収から計算される投資利回りが、ファンドが出資者に約束した分配利回りをどれだけ上回るかどうかという計算が、ファンド内にある投資委員会という組織で厳密に審議され、高い確度で上回ると判断されれば投資が実行されます。

投資利回りは、

将来の投資回収の総額÷投資金額（買収金額）（１）

で計算されます。

（実際には、将来得られる金額を年ごとに現在価値に割り戻して計算する「内部収益率」という指標が用いられますが、ここでは単純化しています）

例えば、ファンドが出資者に約束した年利回りが10％、（１）で計算した年利回りが20％になるなら、投資すると判断するということです。

利回りを高くするためには、将来の投資回収の総額を増やすか、投資金額（買収金額）を下げるかのどちらかまたは両方が必要です。

そのため、同じ投資金額であるなら、将来の投資回収の総額を増やして、利回りを高められそうな会社が、ＰＥファンドから投資されやすい会社ということになります。

例えば、会社の内部環境あるいは外部環境によって、予想されている収益が上振れする可能性が見込める会社ということです。

先に述べた「ハンズオン」による経営改善を前提とするなら、改善する余地がある会社も、評価が高くなります。例えばビジネスモデルは優れているが、バックオフィスに非効率な部分が多い会社で、それを改善すれば収益率が向上することが明らかであるといった場合は、ファンドにとっては買いやすい会社になるでしょう。

ただし、いくら業績が伸びる可能性が高い会社でも、それ以上に（１）式の分母が大きければ、投資利回りが下がるのでファンドは買いにくくなります。

ＩＴ系など、成長企業の経営者の中には「うちがビジネスをしている領域は、毎年こんなに市場が伸びているから、今後も大きく業績が伸び続けることは間違いない」と言って、非常に高い価格でのＭ＆Ａイグジットを希望される方がまれにいます。

しかし、いくら将来の収益拡大の見込みが大きくても、それ以上に投資金額が大きくなっては、投資利回りは下がります。ファンドが会社を買うのはあくまで投資ビジネスなので、一定の利回り以下に下がる投資金額を出すことはできません。そのため、結局「売れない」ということになります。

ファンドが買いやすい事業

ファンドは最終的には投資利回りを基準に投資の可否を判断し、一定以上の利回りが得られない会社には投資をしません。しかし、利回りだけを基準にして決めているわけではなく、実際には利回り以外のさまざまな要素も決定要因となります。

その一つが、業種や業態です。先に述べたように、ファンドが行っている投資事業からは、基本的に業務シナジーは生まれないのですが、ファンドは投資が本業なので、ファイナンスは得意です。そのため、適切なファイナンスをすることで、業績や企業価値が大きく向上する可能性がある業種は、ファンドが比較的投資しやすいところとなります。

例えば小売チェーンや飲食チェーンなどは、資金を拡充して店舗を増やしていけば、基本的にある程度まではそれに比例して収益も伸びていきます。国内市場が飽和したら、海外に進出するという手もあります。そのためこういった業種は、ファンドが手掛けることを比較的得意とするところです。

有名なところでは、昔ながらのフルサービスを提供する喫茶店、コメダ珈琲を展開するコメダホールディングスの例があります。コメダ珈琲はもともと、創業地である名古屋を中心とした東海圏で直営店をメインとする展開をしていました。２００８年に、創業者が、

ＰＥファンドのアドバンテッジパートナーズに株を売却してイグジット。以後、ファンドが主導してフランチャイズをより利用することにより、急速に全国展開を進めます。

さらに、5年後の２０１3年には、アドバンテッジパートナーズが別のＰＥファンド、ＭＢＫパートナーズにイグジットしています。両ファンドの経営により拡大路線が進められ、もともと東海圏だけでのビジネスだった同社は、現在では全国47都道府県のすべてに出店しており、店舗数は８００を越えています。

また、２０１6年には東証第1部に上場し、ＭＢＫパートナーズはＩＰＯイグジットを果たしました。もちろん、ＰＥファンドが経営支配権を握って拡大路線をとっても失敗をすることもあるのですが、コメダ珈琲は典型的な成功例でした。

ファンドでもシナジーが生めることもある

また、ファンドの投資においても、シナジーが期待できるケースがまったくないわけではありません。ファンド自身の業務とのシナジーはないにしても、ファンドが過去もしくは現在投資している会社と取引関係をもったり、業務提携をしたりすることによるシナジーが見込める場合はあります。

例えば、食品の卸売会社に出資をしているファンドが、小売店にも出資をした場合、その卸売会社と小売店との取引関係や業務提携を進めることで双方にメリットがもたらされる場合があるということです。場合によっては、その小売店がさらに卸売会社をM&Aで買収し、垂直統合をするということもあり得ます。この場合も、両者の経営支配権をもつのが同一のファンドであれば、話は進みやすいでしょう。

VC（ベンチャーキャピタル）投資とPEファンドとの違い

M&Aイグジットとは直接関係ありませんが、補足としてVC（ベンチャーキャピタル）投資についても説明しておきます。

VCは、主として創業初期段階のベンチャー企業に出資する投資会社です。VCが出資するのも、未公開企業であり、またエクイティ出資になるので、その点ではPEファンドと似ています。

VCは基本的にIPOを目指す企業に出資して、IPOによるイグジットで利益を得るビジネスモデルです。ただし、IPOを目指していても実際にそれを実現できる企業は少ないので、ＶＣは広く浅く、たくさんの企業に出資をします。はずれも多いけれど、当たればリターンが大きいのが、ＶＣのビジネスモデルです。

そういったビジネスモデルのため、ＶＣとＰＥファンドとでは、出資比率も経営関与も異なります。ＶＣは基本的に、株主資本の５～20％程度の割合しか出資しません。当然、経営支配権を握ることはできませんし、また一般的に経営にはあまり口を出しません。融資をする銀行と同じ程度の、財務資料のモニタリングや、過去に投資をした中に取引関係がつくれそうな会社があれば紹介してくれるといった程度が、大半のＶＣの経営関与です。

また、ＰＥファンドの場合、起業家が保有する株式を買い取る（株式譲渡の場合）ことになるので、売却対価は起業家に入ります。しかしＶＣは、一般的には増資などの形で会社に直接出資して、会社にお金が入ります。お金の流れという点でも、ＶＣとＰＥファンドとはまったく異なるわけです。

その意味で、会社側から見ると、ＶＣによる出資は銀行から融資を受けるのとあまり違わない感覚で受け止められるかもしれません。一方、起業家から見るとＶＣから出資を受けることは、もちろんイグジットとはなりません。

むしろ、今後も会社を成長させてＩＰＯを目指す〝義務〟（法的な義務は投資契約の内容次第ですが、少なくとも道義的、心理的なプレッシャーは受けるといった意味です）が生じるのがVCからの出資を受けることだといえるかもしれません。

売れる会社のポイント1

自律的に回る会社=属人性を排した会社を目指す

ここまで、買い手となる事業会社やPEファンドが、なにを目的にM&Aを行い、どんな会社を求めているのかを説明してきました。

それを踏まえたうえで、どんな会社が売りやすいのか、また高い譲渡価格となりやすいのかを考えてみます。

「しくみ」で利益が生まれているか?

まず、社長がいなくても自律的に回る会社(事業)=社長の属人性を排した会社(事業)であることは、非常に重要になります。

その属人性の程度にもよりますが、社長がいないと完全に回らない会社、あるいは、社長が抜けたら売上が大きく落ちると予測される会社は、買い手から見ると買いにくい会社になりますし、もし買うとしても価格の評価は低くなるでしょう。

なぜなら、M&A後に社長が辞めてしまったら、あるいは、万が一病気や事故などで働けなくなったら、買った会社が無用の長物となる可能性があるためです。

また、買い手がM&Aで購入したあと、例えば数年後にイグジットをする際（PEファンドは原則的にイグジットをしますし、事業会社もイグジットをすることはあります）にも、そのような会社は、いわゆる手離れが悪い（売りにくい）会社になるということです。売りにくい会社は、買いにくい会社です。

『金持ち父さんのキャッシュフロー・クワドラント』でいうなら、売れる会社にするためには、S（自営業者）として自分が現場で働く会社を、B（ビジネスオーナー）として自分は保有しているだけの会社にできる限りしなければならない、ということです。それは、会社が高い売上や利益を上げていることとは関係ありません。

例えば、典型的なSの例は、法律事務所などの士業でしょう。A先生という弁護士が非常に優秀で、多くの顧客を抱えていて売上も利益も大きなA法律事務所があったとして、その法律事務所をM&Aで購入しても、A先生が辞めてしまったり仕事ができなくなったりしたら、A法律事務所を保有していることには意味がなくなってしまう可能性が高いのです。

言い方を変えるなら、利益が「人の特性」から生まれているのではなく、「しくみ」から生まれていることが、B（ビジネスオーナー）の条件であり、M&Aで売りやすい会社の条件だということです。

少々逆説的ないい方をするなら、「社長が仕事をせずに遊んでばかりいるのにしっかり利益は出せている会社」が、売りやすい会社だともいえるでしょう。

連続起業を阻む引継業務条項

また、属人性が強かったとしても、それが一定期間で解消できる見込みがあれば、第2章の荒川氏の事例でも出てきた、「引継業務」をM&Aの条件とすることで解決が図られることもよくあります。引継業務はM&A成立後一定期間円滑な経営権の引継のために行われる業務で、売り手の社長を会社に拘束するものです。

単純な社内調整や業務の引き継ぎが目的なら3～6カ月程度、社長が担っている重要な役割を後継社長に承継するという場合では1～2年程度、買い手がPEファンドの場合は、ファンドのイグジットまで（通常3～5年程度）の残留を求められることもあります。

立場的には、そのまま代表取締役に留任する場合もあれば、代表権のない会長、あるいは、顧問や相談役などとして一定の関与を求められる場合もあります。

いずれにしても、長期間の引継業務がM&A契約に含まれれば、イグジットしたあとに会社から完全に手を離して別の事業をやりたいとか、しばらくのんびりと世界旅行でもしたいと思っていても、それができません。

連続起業のためのイグジットを前提とするなら、契約時に長期間の引継業務条項は避けなければならないのですが、そのためにも「自分がいなくても回る会社」をつくらなければなりません。

「優秀さのワナ」に注意

とはいえ、現実的には、中小企業では、社長が最も仕事ができる優秀な人材ということがよくあります。社長の「顔」で営業して受注しているとか、製造現場で社長が最も優れた技術をもっているといった会社も多いでしょう。

自社のビジネスモデルを振り返ってみて、もしそのような社長依存型のモデルになっていたら意識してそれを変えていく必要があります。くどいようですが、S（自営業者）からB（ビジネスオーナー）になることを、意識的に心掛けなければなりません。しかし、なまじ優秀な社長は、まさに優秀であるがゆえにそれが難しいという「優秀さのワナ」にはまってしまうことが多いので、十分に注意する必要があります。

また、ビジネスモデルではなく、組織構造や管理体制が社長依存型になっている場合もあります。

例えばよくあるのが、社長が現場の社員の話を直接よく聞いているという組織です。これは「風通しがいい社風」といった具合に、いいことのように思われる場合もあるのですが、結局、トップが直接現場の問題を処理しているということに他なりません。すると、中間管理職の意味がなくなり、社長がいなくなったときに組織が回らなくなるのです。そこで、社長はあえて現場のことは自分で処理せずに、適切な中間管理職を配置して、その人たちに権限と責任が適切に委譲された組織構造をつくることも必要です。そして、各部門が自律的に事業を回せるようになり、社長の仕事は会社が進むべき方向性を示すだけになる、というのが理想的です。

このように、M&Aイグジットを目指すのであれば、ビジネスモデル面でも、組織管理、組織構造面でも、社長の属人性を排した組織を目指さなければなりません。しかし、現在社長依存度が高い組織が、そのように変わっていくには一定の時間が必要です。

起業をする際に、最初からそのようなビジネスモデルや組織づくりを意識しておくことが、M&Aイグジットへの早道となります。

優秀なナンバー2、ナンバー3を育てておくと売りやすい

第2章のオールハーツ・カンパニーの事例で、比較的短期間でスムーズにM&Aが進んだ理由の一つとして、後継者の存在がありました。オールハーツ・カンパニーは、田島氏が創業し大株主であった会社ですが、田島氏の友人であった鈴木基生氏（現社長）がナンバー2の常務として長らく一緒に働いていました。また、鈴木氏の次に古株となる柴田裕貴氏（現副社長）が、ナンバー3のCFOとして管理面を支えていました。田島氏が気にかけていたカルチャーの承継という意味でも、外部の人間が後継社長になるよりも、生え抜きのナンバー2やナンバー3が就任したほうが良いことはいうまでもありません。

買い手から見ても、安心して経営をまかせられる後継社長がいることは、買いやすい会社の条件になります。

ビジネスモデルや組織構造の見直しとあわせて、ナンバー2、ナンバー3を育成しておくこともM&Aイグジットに向けた欠かせない準備となるでしょう。

売れる会社のポイント２

自分がやりたいビジネスではなく、時流に乗ったビジネスをつくる

Ｍ＆Ａの買い手は、売り手企業が将来生み出すと予測される収益（シナジーによる自社収益の増大も含めて）を得るために、買収をします。そのため、売り手のビジネスが今後も成長していき収益が伸びると見込めることも、売れる会社の重要な要素です。

もし連続起業家を目指してこれから起業するのであれば、「時流に乗って売りやすいビジネス」で起業することもポイントです。

好きなことで生きていかない

こう書くと、「そんなことは当たり前じゃないか」と思われるかもしれませんが、実はそうでもないのです。

会社員だった人が会社をやめて起業家に転身するようなケースで特に多いのですが、「会社員時代には好きなことができなかったので、起業家になって自分が好きなことでビジネスをする」という考えになってしまうことがあります。数年前に「好きなことで、生

きていく」というYouTubeのCMがありましたが、あのノリです。

しかし、本書をこれまで読んでいただいた方ならすでにお気づきだと思いますが、その考え方だと、自営業者にはなれてもビジネスオーナーにはなれません。社長ではあっても経営者ではない、と言ってもいいでしょう。YouTuberとしてビジネスをしている限り、それで稼ぐことはできても、M&Aイグジットはできないのです。ちなみに知り合いのYouTuberはCMのキャッチフレーズである「好きなことで、生きていく」は、「お客様（視聴者）が好きなことで、生きていく」であると話していました。

第2章の事例にご登場いただいた海山氏も、最初は自分が好きなことで起業しようと旅行アプリを開発して大失敗したと語ってくれましたが、まさにこの例です。

ではどうすればいいかといえば、抽象的な言い方になりますが、世の中の動きに常にアンテナを張り巡らせて「流行りはじめているもの」を見つけてぱっと飛びつくのが簡単でしょう。例えば、少し前なら、タピオカ屋が流行り始めたときに、ビジネスセンスのある人は、すぐに参入しています。そして、ブームが絶頂のときにM&Aイグジットしてしまうのです。ブームが絶頂に近いときであれば、事業の規模拡大を狙う同業者にも、多角化として新規参入したい異業種の会社にも簡単に売れます。

そして、1回か2回M&Aイグジットを成功させて、資金に余裕ができてから、自分が本当に好きなことをビジネスにしても、決して遅くはないでしょう。

衰退産業の場合はどうするか?

一方、すでに事業を経営しているケースの場合、順調に業績が伸びている会社であれば問題ありません。しかし、現時点で、もしくは長期的に見て衰退産業、縮小市場であることが明らかなビジネスであれば、売りにくくなるでしょう。例えば、先に挙げたハンコビジネスなどはその典型です。あるいは紙の媒体量が減っていくため印刷業なども構造不況業種になっています。より広い業態では、仲卸という業態も物流手段や情報が豊富化した現代では、一般的には存在価値が下がっています。

では、こういった業種に属する会社のすべてが売りにくいのかといえば、そんなこともありません。業種全体としては衰退傾向にあっても、市場の変化に合わせて事業の革新を進めている会社や、他社にはない独自の競争優位性を保持している会社は、成長の可能性があるとみなされます。

例えば、ハンコ業界においても、シヤチハタはいち早く電子印鑑への取り組みを進めています。自社のビジネスを「印鑑というモノを売る商売」から、「書類を承認するしくみを売る商売」だと定義し直すことにより、モノを売らなくても収益が上がるしくみを構築しました。まさに時流をとらえた、DX（デジタルトランスフォーメーション）の好例でしょう。もし自社が衰退産業にあると自覚しているのであれば、一層積極的にこのようなトランスフォーメーションを進めていくことが、M&Aイグジットへの近道となるでしょう。

また、印刷業界においては、会社をまたいで印刷機の空き情報をデジタルネットワークで結びつける方法により、印刷の価格破壊を実現したラクスルの例があります。これも、印刷機という設備が余っていくという時流をとらえて、新しいビジネスを構築した例です。

仲卸では、水産仲卸の会社が漁港に冷蔵倉庫を建てて、漁師さんから買い付けた魚を直接自社倉庫に保管して、そのままエンドユーザーに届けるプラットフォーマーになってしまった、という例もあります。

あるいは、私の知人が経営している印刷会社では、以前は総合印刷として多種多様な印刷に対応していたのを、同業他社には難しい特殊印刷だけに特化して、売上規模は落ちたものの利益率・利益額は大きく向上しました。この会社はM&Aはしていませんが、もしM&Aをする場合、利益率の低い総合印刷のときよりも、特化型印刷会社になってからのほうが売りやすくなることは間違いありません。

このように、なにかを付け加えていくプラスの変化だけではなく、競争優位性のある分野にだけ特化していくというマイナスの変化によっても、M&Aイグジットしやすい会社に変わることが可能となります。

いずれの例にしても、「この業界はこのままではダメだよね、先がないよね」と気づいたときに、時流にあわせてビジネスモデルをチェンジするなどの経営革新ができるかどうかが、ポイントになります。

一時的な変化と構造的な変化の混同に注意

時流をとらえるという考え方で注意しなければならないのは、一時的、可逆的な変化と、構造的、不可逆的な変化を混同しないことです。

ハンコが使われなくなる、紙の印刷が減るといった変化は構造的な変化であり長期的に不可逆な変化です。そのような産業では、ビジネスモデルを変化させるといった対応策が必要になります。

一方、コロナ禍の状況で、飲食業をはじめ、インバウンドを当て込んだ宿泊業や旅行業、あるいは音楽やスポーツなどのイベント関係業も大きく落ち込んでいます。そのため、足元では、これらの産業に対するM&Aの買い手の需要も大きく落ち込んでいます。

しかし、これらの産業自体が人間にとって不要になったわけではありませんから、いずれコロナ禍が沈静化すれば再び復活することは間違いありません。一時的、可逆的な変化です。

そう考えると、いずれ復調したときに備えて、拡大の準備をしておくというのも、時流をとらえる一つの方法かもしれません。

売れる会社のポイント3

自社の価値の源泉を理解し、明確に表現できること

経営者なら自社のビジネスについて100%理解していて当たり前だと思われるかもしれません。しかし、実際は意外とそうでもないというのが、私がこれまでに多くの経営者の方と接してきた中での正直な感想です。自社の事業の強みや弱みがどこにあり、市場の中でどんなポジションに位置していて、どこから利益を得て(マネタイズして)いるの

か、そういったことをすらすらと話せる経営者のほうが、むしろ少数派かもしれません。

それでもきちんと売上を上げて利益が残せているのであれば、平時であれば問題がないともいえます。しかし、外部環境に変化があったり、経営内部になんらかの大きな変化が必要だったりするとき、自社のビジネスの本質を理解していないと経営危機に陥りやすくなります。M&Aイグジットは、その大きな変化の一つに他なりません。

特に重要なのが自社の価値の源泉、つまり、自社において価値を生んで、利益を生む強みはなんなのかという点です。

例えば、先に仲卸について触れましたが、仲卸は、単に昔からの慣習でその位置で仕事をしているということがよくあります。もちろん、仲卸は商品の保管や物流、あるいは情報提供や金融といった役割も担うのですが、現代では、そういった各機能は別に仲卸が扱わなくてもそれぞれの専門業者が代替することが可能になっています。

すると、仲卸の価値の源泉は、極論すれば「慣習」ということになりかねません。もし仕入先や販売先がそのことを認識して、よく考えたら仲卸は必要ないからサプライチェーンの慣習を変えようとなったら、たちまち仲卸業者は苦境に陥るでしょう。ここで、仲卸が自分たちのビジネスについて、価値の源泉が「慣習」だと気づいたのなら、ビジネスモデルを変えることで、価値の源泉を変化させることも可能になります。

また、M&Aの視点でいうなら、価値の源泉が「これ」だと明確化できるようにしておくことは、売れる会社のポイントになります。

自社の価値の源泉を理解していた事例と、していなかった例

自社の価値の源泉となる強みが、一般的な業界他社の弱みになっているような企業は、M&Aでも非常に売りやすい会社となります。

例えば、私の知り合いが社長をやっている某介護会社では、SNSなどを活用した方法によって社員採用をしています。ご存じのように、介護業界はどこでも人手不足に悩んでおり、採用力や採用コストが成長のボトルネックになっているケースがよくあります。

しかし、この会社は、SNSを使った非常に優れた手法での採用マーケティングに成功しており、コストを抑えて継続的な人材採用を続けています。そして、実際に業績も右肩上がりで成長しています。もちろん成長の要素は採用ノウハウだけではありませんが、この採用ノウハウは他社が簡単に真似できるものではないため、価値を生む大きな強みとなります。

このような強みを明確にアピールできる会社は、M&Aにおいて、売りやすくなるので

す。

逆に自社の価値の源泉を理解していなかったために経営に失敗してしまった最近の典型的な事例は、大塚家具でしょう。もともと、高級家具を丁寧な接客で時間を掛けて販売するビジネスモデルの中で、所有する満足度が高い高級家具を安定して仕入れることや、満足度の高い接客ノウハウをもつことが、同社の価値の源泉となる強みでした。

ところが、後継社長はその強みを捨てて、大衆的な品質と価格での家具販売という、まったく異なる市場ポジションに移行しようとしました。市場ポジションを移行すること自体が一般的に悪いわけではありませんが、自社が築いてきた強みが活かせず、かつイケアやニトリなど、強力な競合がいる市場ポジションへ、明確な戦略なしに移行を図ったため、大失敗してしまったのです。

後継社長が自社の価値の源泉を理解していなかったのか、それとも理解はしていたけれど、感情的な問題から素直に認めることができなかったのかは、部外者にはうかがい知れません。しかし、このような失敗例は他山の石として、自社の経営に活かすべきでしょう。

売れる会社のポイント4

意外な〝お宝要素〟が発見されれば売りやすくなる

ポイント3とも関連するのですが、経営者がまったくそのように認識していない事項が、実はM&Aで売れる要素になるということもあります。

よくある例が、顧客基盤や顧客データです。toCのビジネスなら、特定属性の顧客層からの強いエンゲージメントを得ているとか、膨大なデータベースを抱えているといった場合、それらが売れるポイントになることがあります。

例えば、ある富裕層向けのフリーペーパーを発行していた会社があって、その事業自体はあまり利益が出ていないような状態だったのですが、高額年収の富裕層のデータベースを持っていました。その点が評価されて、その会社は思ったより高くM&Aイグジットできたということがありました。

つい先日、ログミーという会社が、名刺管理で有名なSansanに、株式の70%を売却してM&Aイグジットしました。ログミーは、さまざまなイベントなどのログ（発言などの書き起こし記録）を作る会社なのですが、上場企業の決算発表会などのIRイベントでも活躍しています。そのため、多くの上場企業の経営層、特にCFOとは強いつながりをもっています。こういった顧客基盤がM&Aにおける評価の一つになったのではないかと思われます。

どこにでもあるような町の中小企業でも、過去からの取引関係によって、優良大手企業との取引口座をもっていれば、そのこと自体に価値が生じることがあります。例えば、私たちもオフィス展開している名古屋近辺だと、一見小さな会社だけれども、実はトヨタ自動車や川崎重工の宇宙事業部門との取引口座をもっている、と高評価を受けることがあります。

一方では、すごくいい商材をもっているのに、取引口座がないから売れないという会社もあるので、そういう会社同士がM&Aで統合されれば、大きなシナジーを生むでしょう。

時流が〝お宝要素〟を生むこともある

ポイント2で、時流に乗ることの重要性を説明しました。

これには、ビジネスとしての時流という点以外に、買い手企業が求める要素の時流という点もあります。

例えば、日本で最初のWebサイト売買プラットフォームができたのが、2005年頃ですが、当初はそれほど活発に取引されていたわけではありません。サイト売買がかなり活発になって一般化したのは、2014～2015年頃になってからです。

そのとき、普通の個人が趣味で作っていた情報サイトなどが、高値で売れるということが起こるようになったのです。Webサイトをビジネスで活用しようとする際に、自社でゼロからWebサイトを起ち上げてコンテンツを作り込んでいくより、既存のWebサイトを買ったほうが早いし、検索エンジンの評価も高くなりやすいということに、多くの企業が気づき始めたためです。

そこで、売るために作っていたわけではない趣味のWebサイトが、時流の変化でたまたま〝お宝化〟して高額で売却できたという人がたくさん出てきました。

第2章の海山社長も、最初はアプリ開発の目的で作っていたWebサイトのコンテンツにたまたま人気が出て、それをブラッシュアップすることでイグジットできたケースで、なかば偶然です。

別の例ですと、電気工事や設備工事の会社には、古い歴史をもつ零細企業がたくさんあります。以前なら、そういう会社がM&Aで売れることは考えにくかったでしょう。ところが、最近は電気工事作業者が不足しているため、大手企業が人材を確保する目的で中小の電気工事会社を買収する例が増えています。

高度成長期以来、国内では新しい建物や設備をどんどん建て続けてきたわけですが、現在はそれが次々と老朽化しており、保守や改修の必要性が増えているためです。いくらITやAIが発達しても工事作業には一定の人手がどうしても必要ですし、電気工事は有資格者しか行うことができないので、だれでもできるというわけにもいきません。

そのため、昔なら（M&A的な視点から見て）高い価値があるとは思われなかった「工事作業者」が、高齢化・人材不足という時流の中で〝お宝化〟しているのです。こういう例は、他の業界でもよく見られます。

しかし、そういう会社の経営者は、そういった要素があることが当たり前だと思っているので、「強み」として認識できないということが往々にしてあります。

M&Aイグジットを考えるのであればもちろんのこと、そうではなくても、自社の価値の源泉がどこにあり、業界内での競争優位性がどこにあるのかといった点を一度社内で徹底的に考えて、棚卸しをしておくことが、その後の経営のためにも非常に有効です。

ただし、自社内の視点だけだと難しいこともあるので、そう感じたときは、M&Aの仲介会社など、外部の目を交えることでより客観的かつ明確に自社の特徴を見いだすことができるでしょう。

こうした経営「棚卸」の活動を通じて、思いもしなかった〝お宝要素〟が見つかることもよくあるのです。

売れる会社のポイント5

決算内容が悪くても諦める必要はない

M&Aの際に、会社の状況を客観的に評価するための重要資料が財務諸表、いわゆる決算書です。

損益計算書上で利益が多い、貸借対照表上で現金同等物や純資産の比率が高いなど、決算書の内容が優良な会社は、一般的にはM&Aにおける買い手の評価も高くなるといえます。

では、利益が少ない（場合によって赤字）、あるいは純資産が少ないといった会社はM&Aイグジットを諦めなければならないかといえば、そんなことはありません。

なぜなら、監査法人が入っていないような一般的な中堅・中小企業では、決算書の内容はある程度恣意的に操作することが可能だからです。操作というと聞こえは悪いですが、もちろん違法な脱税行為や粉飾という意味ではなく、合法的な範囲内での調整（いわゆる節税）のことです。

例えば、利益が出そうな期には社長の役員報酬額を多くするとか、短期で減価償却可能な設備投資をしたり、一部を損金計上できる役員保険に加入したりして利益額を圧縮しようとする、といったことは、ほとんどすべての会社が行っているといっても過言ではないでしょう。あるいは、資産面でいえば、社長の家を社宅にしていたり、あまり必要性がないのに、社用車を持っていてほとんど社長しか使わなかったりということもあります。

さらには、社長が多額のお金を会社に貸し付けていて、返してもらうつもりもないので、実質的には資本金的な性格なのに、借入金として計上されたままになっているということもよくあります。

こういった、利益操作や、実態を表していない資産・負債の計上などがあるため、中小企業の決算書は本当の収益力を表さなくなっている場合が多いことも事実です。

そこで、決算書を精査して、実態的な収益力や純資産を表すように調整をします。

例えば1000万円の営業赤字になっている会社で、節税対策として社長の役員報酬を5000万円としているのなら、適正な役員報酬は3000万円だとして計算し直せば、実はこの会社は1000万円の営業黒字を出す収益力がある、といった具合です。このようにして計算し直した収益力は「正常収益力」と呼びます。

つまり、税務申告に用いている決算書の内容が悪くても、正常収益力が高ければ、M&Aにおける評価は高くなり、売れる可能性があるということです。

内部留保を貯め込むよりも、収益力の高い体質に改善する

PEファンドの項目でも説明したとおり、M&Aの買い手は「投資」として会社を買います。これは、シナジーを求める事業会社でも原則的には同じです。そして投資のパフォーマンスは、投資から得られる収益額と投資額との割合で決まります。

中小企業でも、ある程度社歴の長い会社では、現在の収益性は低く毎年の利益額は少なくなっていても過去の蓄積により厚い内部留保（利益剰余金等）を抱えていることがあります。こういった会社は、M&A市場では売買が成立しにくくなります。

例えば、貸借対照表上の時価純資産額（時価総資産－負債時価）が20億円、毎年のEBITDAが2000万円という会社があるとします（EBITDAとは、営業利益に減価償却費を足した利益概念です。詳しくは次章で説明します）。

この会社の経営者がM&Aイグジットを考える場合、時価純資産額が20億円あるのだか

ら、20億円を売値の目処としたいと思います。時価純資産額は解散価値に近しい概念でもあるので、この会社を買ってすぐに解散させても20億円の価値がある、つまり、買い手にとって20億円で買っても最悪でも損得なしで、あとは毎年の2000万円の利益が上乗せされていく、と考えられるためです。

しかし、買い手はそうは考えません。20億円という投資に対して年2000万円の収益であれば、年利回りはわずか1%です。大きな業務シナジーが見込めて、仮に利益が倍の4000万円に増えたとしても、利回り2%です。または、20億円という投資に対して、年2000万円の収益では投資回収の期間は100年という言い方もできます。これでは投資としてはとても見合わないと考えることが普通です。

また、時価純資産額が会社の解散価値に近しいというのは、理屈の上では確かにそのとおりですが、会社を解散させることを目的としてM&Aするケースはほぼありません。また、実際に会社を解散するとなれば大変な手間と費用が掛かります。取引先や職を失うことになる従業員にも迷惑がかかりますし、不動産の処分にも時間と費用が掛かるので、非現実的です。だからこそ、株式市場においても、PBR(株価純資産倍率)が1倍を割り込んでいる(株価が1株当たり純資産額よりも低い)会社がゴロゴロしているのです。

では、この会社をM&Aイグジットしたいときにどうすればいいかといえば、まず厚い純資産を投資に回して、収益性の高い事業を育てるか、高収益の事業をＭ＆Ａで買うなどすればいいのです。そうやって収益力を上げて、ＥＢＩＴＤＡを何倍にも増やしてからＭ＆Ａをすれば、ずっと高い価格で売れるはずです。

Ｍ＆Ａイグジットを考えるのであれば、まず収益力を上げる方法を考えるのが原則です。

買い手の利益も考える

逆に、ベンチャー企業などで、積極的な投資を行ってきて、業績が良く収益性が非常に高いけれども、自己資本比率は低く内部留保はほとんどない、といった会社はどうなるかといえば、こちらはＭ＆Ａでは高く評価されます。

しかし、こういった会社の経営者は往々にして、非常に高い譲渡価格を望みます。譲渡価格の目安の算定については、次章で説明しますが、Ｍ＆Ａにおける理論的な株式価格、あるいは、Ｍ＆Ａ市場の相場といってもいいですが、それよりもはるかに高い金額を希望される場合もあります。つまり「割高」ということです。

そうなると、先と同様に投資利回りが低くなるため、結局買い手を探すのに苦労する結果になります。投資の根底にある考え方は、「割安を買う」ことであり、単純に「良い会社を買う」ことではない点を、十分に理解しておく必要があります。

将来のＥＢＩＴＤＡが年１億円見込める会社と、年２億円見込める会社なら、後者のほうが「良い会社」です。

しかし、前者が5億円で売却する（年利回り20％）と提示し、後者は20億円で売却する（同10％）と提示しているなら、前者のほうが割安であるため、どちらか１つを選ばなければならないとしたら、一般的には前者が選ばれるでしょう。

もちろん実際のＭ＆Ａ投資は、こんなに単純ではありませんが、要は買い手も経済的利益を追求してＭ＆Ａ投資をしているのだから、売り手が自己の利益の極大化だけを考えていては、売ることは難しくなるということです。

売れる会社のポイント6

許認可や特許を適切に評価する

事業内容によっては行政や地方自治体などからの許認可が必須になることがあります。

この許認可についてはそれが「会社」（法人）に帰属するものなのか、「人」に帰属するものなのかで、大きな違いが生じます。

会社に許認可が帰属する場合、株式譲渡によって会社の経営支配権が他社に移動しても、基本的には、許認可を取得し直す必要はありません。

そのため、許認可を新規で取得することが難しい業種の場合は、その許認可を目的とした会社買収というのはよく行われています。

例えば、酒類製造免許をもつ造り酒屋や、産業廃棄物の処理会社などが代表的な例です。

これらの許認可は新規で取得することが大変難しいので、その法人は収益性や財政状態に比して比較的高額で売買されることがあります。もし、自社がなんらかの許認可を取得している場合、新規取得の難易度を確認してみるといいでしょう。

一方、事業に許認可が必要であっても、それが「人」に帰属する場合は話が別です。例えば、建設業の許可要件には「経営業務管理責任者」の設置があります。この人がいないと建設業許可は失効してしまいます。通常は、社長が経営業務管理責任者になっているので、建設会社をM&Aイグジットして、社長が退任してしまって他に経営業務管理責任者に該当する人（経験年数などの要件があります）がいなければ、業務ができなくなります。

この点はＭ＆Ａイグジットに際しての障害となることがあります。

特許などの知財は内実次第だが、Ｍ＆Ａで役立つことは少ない

製造業などでは技術に関する特許や実用新案を取得していることがよくあります。ｔｏＣ向けの製品を作っているメーカーなら、意匠や商標を登録していることもあるでしょう。

特許をはじめとしたこれらの知財があるので、Ｍ＆Ａで売りやすいのではないか、あるいは高く売れるのではないかと聞かれることがよくあるのですが、残念ながらほとんどの場合は無関係です。

関係してくるのは、その特許をライセンスしていて多額のライセンス料が毎年入ってきているなど知財から生じる収益がある場合や、かつての青色発光ダイオードのようなノーベル賞級の発明とまではいいませんが非常に強力な場合などです。そういった知財を保有している中小企業は少ないでしょう。

ヒットドラマとなった『下町ロケット』などのイメージで、特許をもっていることで一

発逆転が起こりM&Aも有利に進むと思い込んでいる人は多いのですが、残念ながら現実にはそういうケースは極めてまれです。

売りやすい会社づくりの「プレM&A」について仲介会社に相談する手もある

以上、どのような会社がM&Aイグジットしやすくて、どのような会社はしにくいのか、また、M&Aしやすい会社にするための考え方について説明してきました。

ただ、ざっと読まれて、いくつのポイントについては、自分だけで確認したり、改善したりすることは難しいと感じられる項目もあったと思います。

例えば、ポイント1で述べた自律的に回る組織づくり＝社長の属人性の排除について、実のところ、その必要性を理解している経営者のほうが多いのではないかと思います。「自分がいなくても回るのが理想なのは分かっているけど、それができないから困っているんだ」と。そのため、そういう組織づくりを目指すより、自分が現場に入るほうが手っ取り早く感じられて、今までどおりのやり方を続けているという具合です。

実際、自律的に回る組織づくりは簡単ではありません。

その他のポイントについても、自社だけで考えたり、実行したりすることは、なかなか難しい会社も多いでしょう。

また、だれかに相談をしようにも、M&Aイグジットを前提とした組織づくりといったテーマでの相談に乗ってくれて、適切なアドバイスをしてくれる専門家はなかなかいません。

そういう場合、その段階からM&A仲介会社に相談することもひとつの手です。

M&A仲介会社の中には、いわば「プレM&A」として、M&Aイグジットしやすい組織づくりのコンサルティングをしている弊社のような会社があります。もちろん、それは簡単にできることではないので、それなりに時間も費用も掛かりますが、真剣にM&Aイグジットを考えており、自社だけでその体制づくりが難しいのであれば、検討に値するでしょう。

税理士などと異なり、そのようなM&A仲介会社は、経営から財務、法務まで、M&Aイグジットに関連することであれば、ワンストップで総合的に扱えることもメリットです。

事業の売り時を見極めろ

戦略的 M&A で高値売却を成功させる

第4章

連続起業のためのM&Aイグジットのタイミング

本章では、M&Aイグジットの具体的なプロセスについて説明していきます。

全体としては、①いつ売るかを考える、②なにを売るかを考える、③売却価格の目安を知る、④M&A仲介会社に相談して買い手を探してもらう、⑤買い手と交渉して契約する、⑥社員などへ説明する、という流れになります。

まず、売却タイミングについて考えていきましょう。

M&Aイグジットにもさまざまな目的があり、目的によって最適なイグジットのタイミングも違ってきます。後継者不在によるM&Aなら、親族や社員に後継者がいないことがはっきりした時点で、M&Aが検討されるでしょう。

では、連続起業のためのイグジットならどういうタイミングが良いのでしょうか。

私は、これには3つのタイミングがあると考えています。

1つ目は「起業家の心のタイミング」、2つ目は「会社の状態のタイミング」、そして3つ目は「外部環境のタイミング」です。それぞれを見ていきましょう。

自分の心を見つめ直して「限界」を感じたとき

M&Aイグジットのタイミングをはかるうえで最も重要な要素になるのは、「起業家の心のタイミング」だと思われます。それにもいくつかのパターンがありますが、よくあるのが「心が限界を感じたとき」です。

第1章で、起業家のタイプが、0→1、1→10、10→100にわけられると説明しました。

0→1や1→10が得意なタイプの起業家が、会社を成長させて10になったとき、そのまま次の10→100のステップ、つまり組織のマネジメント体制を再構築したり、事業を多角化したり、ファイナンスによる規模的拡大を図ったり、さらにはIPOをしたりといったことをしていくことがスムーズにできずに、限界を感じることがあります。

「このまま自分がトップを務めていても、これ以上は会社を成長させられないのではないか」と感じられるということです。あるいは、経営者としてなすべき仕事の質量が変化したことにより、「そもそも自分がやりたかった仕事は、こういう仕事だったのだろうか」と自問してしまうこともあります。それが、経営者として限界を感じているときです。

もちろん、その限界を乗り越えられる起業家もいます。本を読み漁り改めてゼロから経営の勉強をしたり、経営の師匠を探して教えを乞うたり、メンターと呼ばれるような人からアドバイスを受けたり、あるいは、10→100が得意なパートナーを見つけて会社に入ってもらったりといった、さまざまなやり方で限界を乗り越えて、次のステージに進む人もいるのです。

したがって、限界を感じたことが、すなわちM&Aイグジットにつながるわけではありません。しかし、そこで一度立ち止まって考えてみて、このままこの会社で経営を続けるよりも一区切りをつけて、いったん休むほうがいいと感じられたのなら、それはM&Aイグジットのタイミングだといえるのではないでしょうか。

新しいチャレンジへの気持ちが抑えきれなくなったとき

M&Aイグジットを成功させた起業家の中には、よく「飽きたから売ったんですよ」などと言う人がいます。それがどこまで本心なのかは分かりませんが、たぶん「新しいことにチャレンジしたい気持ちが抑えきれなくなった」ということを、やや照れ隠し的なニュアンスで「飽きた」という言葉で表現しているのではないかと、私は思っています。

ある起業家が一つの事業を成功させたあと、外部環境の変化で新たな事業チャンスが生じていると感じられたとき、新しい事業に再びチャレンジしたいと思うことは当然あり得るでしょう。そういう気持ちが生まれるからこそ、その人は起業家なのです。

その際、その新事業が今の会社の事業とはまったく異なる業種であるとか、あるいは、失敗するリスクが高いベンチャー事業であるとかいった事情があるなら、今の会社をいったんM&Aイグジットして、新しい立場で連続起業を目指すことは自然な流れです。

「新しいチャレンジへの気持ちが抑えきれなくなったとき」、これも、M&Aを考える起業家の心のタイミングとしては重要なものでしょう。

事業が「旬」を迎える前の、業績の成長期

起業家の心の問題とは別に、会社のライフサイクルの中でもM&Aイグジットに適したタイミングがあります。それは、業績が大きく伸びてきて、これから「旬」を迎える手前です。

一般的には、業績が大きく伸びているときはそのまま自分が経営して、旬の果実を十分回収して、業績が頭打ちになったらM&Aイグジットを考えるという起業家が多いかもし

れません。しかし、買い手の気持ちになってみたらどうでしょうか？　当然、業績が頭打ちになっている会社よりは、業績が伸びている会社をより強く買いたいと思うはずです。

つまり、業績が大きく伸びているうちのほうが買いニーズがたくさん集まりやすく、買いニーズがたくさん集まれば、それだけ高い価格で売りやすいということになります。

「でも、これからどこまで伸びるか分からないのに、今売ったらもったいないのでは」と思われるかもしれません。しかし、永久に伸び続ける事業はありません。というより、現在は経営環境の変化が激しいので、多くの事業で「旬」の期間が短くなっています。

また、当面は伸び続けると予想されていても、コロナのような事業環境の激変に見舞われて、事業の前提が崩れてしまうこともあります。

そのため、旬の時期というよりも、これからいよいよ旬を迎えそうだなというくらいのタイミングで売るのが一番いいのです。後で詳しく述べますが、欧米の例を見れば、ＩｎｓｔａｇｒａｍやＳｌａｃｋに代表されるように、多くの企業が旬の手前でＭ＆Ａイグジットして大成功しています。

また、大きな成長が見込めるのにもったいないという意見に対しては、それを譲渡価格に反映させればいいだけです。

例えば、一般的によく用いられているＥＶ／ＥＢＩＴＤＡ倍率法（後で説明します）

で価格を決めるとするなら、通常ならEBITDAの6倍（6年分）の評価をするところを、10倍（10年分）の評価にするとか、15倍（15年分）の評価にするとか、そういった考え方で価格を提示すればいいということです。

買い手から見たときに、現状のEBITDAが変わらないのであれば、15倍といった株式価値評価は、普通はあり得ない数字です。しかし、今後の成長により、数年間でEBITDAが伸びると見込まれるなら、あっという間に投資回収ができる数字でもあります。

外部環境の状況がいいとき

好条件でのM&Aイグジットを考えるなら、外部環境、経済全体の環境が良いタイミングを逃さないほうがいいでしょう。それは簡単にいえば、金融システムにおいて資金供給が豊富（カネ余り）なときや、株式市場の株価が高いときです。

買い手にとってM&A買収は投資ですが、投資をしやすいのは、投資資金が豊富なときであることはいうまでもないでしょう。事業会社であれ、PEファンドであれ、M&A買収をする際は、金融機関から融資を受けることが普通です。その融資が出やすい、つまり日銀や民間銀行が緩和姿勢の時期は、資金調達しやすいため、相対的に好条件でのM&Aイグジットをしやすいタイミングになります。

また、EV/EBITDA倍率法においては、上場企業の株価を、売り手企業の株式価値算定の参考とするので、株価が高い時期は、M&Aの株式価値算定も高くなりやすくなります。乱暴にいえば、同じ売り手で他の条件が変わらないと仮定したとき、M&Aイグジットの売却価格は、日経平均株価とある程度連動しているのです。

とはいえ、やはり優先すべきは、起業家の心の限界や会社の業績成長のタイミングであることは間違いありません。そのうえで、もし外部環境がいいときなら、ベストタイミングだということになります。

ベンチャーは、海外のほうが高い価値評価を受けられることが多い

会社の業績が大きく伸びているときが、M&Aイグジットのタイミングだと述べましたが、日本のM&A市場における買い手企業は、高い成長が見込まれるベンチャー、スタートアップの売り手会社に対して、高い価格をつけるのが苦手という面がある点は、留意し

ておく必要があります。

短期間での急成長が見込めるイノベーティブな企業の価値を評価するのが苦手、といってもいいかもしれません。そのため、起業家が考えているほど成長価値が評価されないことが、往々にしてあります。

この点は、日本と海外とで大きく事情が異なります。

例えば、アメリカでFacebookがInstagramを買ったとき（2012年）、Instagramはリリースから約2年で、ユーザー数は急成長をしていましたが、売上はほぼ「0」で、社員13人の小さなベンチャーでした。その赤字ベンチャーを、Facebookは、なんと約10億ドル（810億円）の価格で買収発表したので、当時は非常に驚かれました。

ところが現在、Instagram単体の価値は一説によると、買収時点の200倍の2000億ドル（約21兆円）になっているといわれています。このM&Aは大成功だったのです。

また、2020年には、Salesforce.comが、SlackをM&A買収しましたが、このときの買収価格は270億ドル（約2兆9000億円）という途方もない数字でした。しかし、Salesforce.comは、Slackの成長性を考えれば、この価格でも十分に投資回収が可能だと見込んでいるのでしょう。

Ｉｎｓｔａｇｒａｍにしても、Ｓｌａｃｋにしても「自社だけでまだまだ成長できたのにもったいない」という意見があるかもしれません。しかしまだまだ成長できるからこそ、この価格でＭ＆Ａイグジットできたわけです。また、ＦａｃｅｂｏｏｋやＳａｌｅｓｆｏｒｃｅ．ｃｏｍというガリバー企業と組むからこそ、大きな成長ができるという面もあります。

残念ながら日本では、赤字企業を１０００億円でＭ＆Ａ買収するといった事例は、ほとんど聞きません。

そこで、私はこれからのベンチャー、スタートアップのＭ＆Ａイグジットでは、クロスボーダー案件、つまり海外企業が買い手となるＭ＆Ａイグジットも増えていくのではないかと考えています。

欧米系企業だけではなく中国本土や台湾、東南アジアの華僑系の企業でも、日本企業が買い手となって評価する場合に比べて、かなり高い価格評価をすることが多いからです。なぜ高い評価ができるのかというと、彼らは、イノベーティブなベンチャー、スタートアップを大きく成長させるという点において、経験と自信があるためです。

鴻海がシャープ（スタートアップではありませんが）を買って、見事にＶ字回復させたのは、典型的なケースだと思います。

どのみち、人口減少により日本の国内市場が長期的に縮小していくことはすでに決まっています。会社を長期的に大きく成長させようと考えるのであれば、グローバルにビジネスを展開するしかありません。そして、グローバル展開を目指すのであれば、海外企業へのM＆Aイグジットも、十分考慮に値すると思われます。

会社を売るか、事業を売るか

次に、「なにを売るかを考える」ということですが、M＆Aには大きくわけて、「会社を売る」場合と、会社が行っている一部の「事業を売る」場合とがあります。

会社を売るのが株式譲渡

会社を売るとは、より正確にいうなら「会社の経営を支配する権利を売る」ということです。会社の経営を支配できるのは株主なので、具体的には株式を売却することになります。当たり前のことですが、代表取締役社長であっても、株主でなければ会社を売ることはできません。

この場合の最もシンプルなパターンは、創業社長や創業者一族で100％の株式を保有している株主であるケースで、その保有株のすべてを譲渡する「株式譲渡」です。第2章の事例では、田島氏のケースがこの株式譲渡でした。

株式譲渡のバリエーションとしては、100％を売るのではなく90％だけを売って、10％は保有し続ける（もしくはいったん100％を譲渡して、10％分を再出資する）といったパターンもあります。例えば、M＆A後も経営陣の一人として経営に関与し続けるような場合に、この一部残すパターンにすることがあります。株式を保有していることが経営へのコミットメントを高めるインセンティブになるためです。

株式譲渡の場合、その譲渡対価は売った株主が得ることになります。最もシンプルなパターンであれば、創業社長が売却対価の100％を得るということです。後述の事業譲渡と異なり、会社にはお金は入りません。

また、株式が譲渡されただけでは、会社のもつ権利義務に変更はなく、次の株主は既存の会社の体制を引き継ぐことになります。

例えば、会社と従業員とは雇用契約を結んでいますが、株式を譲渡してもその雇用契約には直接影響しないということです。したがって、M＆Aで株主が変わったという理由で、すぐに従業員の給料を引き下げるといった不利益変更をすることは認められません。取引関係との契約や設備のリース契約なども同様に、基本的にはそのまま会社に帰属し続けることになります（ただし取引契約等にCOC条項という項目が含まれている場合は例外となります。この点は後で触れます）。

会社は残して事業を売るのが事業譲渡

会社の経営支配権は現状のままで、会社が行っている一部の事業を売る場合がありま す。これを「事業譲渡」と呼びます。第2章では、海山氏のサイト売買が事業譲渡でした。

事業譲渡の場合、株式のように明確な「範囲」がないので、なにを、どこまで含めて売買するのかは、ケース・バイ・ケースです。例えばWebサイトの売買なら、サイトコンテンツを制作している担当者、Webサイトが置かれているサーバー、ブランドネームなども引き継ぐのかといった点は、個別に相談・交渉して決まるということです。

また、事業が帰属するのは会社（法人）になるので、事業譲渡では売却の対価は、起業家個人ではなく、会社に支払われます。

事情譲渡の場合、その事業に関する契約は買い手にそのまま承継されません。例えば、その事業の担当者がいて、担当者も含めて事業譲渡する場合、買い手の会社が新たに雇用契約を結んで再雇用するという手続きが必要になります。雇用契約だけではなく、取引関係との契約やリース契約なども同様です。

以上の説明からお分かりになると思いますが、株式を売買するだけの株式譲渡に比べて、事業譲渡は非常に手間がかかります。

なお、第2章の荒川氏の例は、本質的には事業譲渡ですが、事業部をいったん別会社として独立させて、それからその別会社の株式譲渡をしています。このようなプロセスを経ることで、事業譲渡にまつわる売り手側のデメリットを軽減しているのです。

一般的には、M&Aイグジットにより完全にそれまでの事業から手を離して、別のことをやりたいというのであれば、株式譲渡で会社を売るのがよいでしょう。一方、会社は残しつつ、一部の事業を売り、同じ会社で別事業をやりたいのであれば、事業譲渡の形を用います。ただしその際には直接事業譲渡をするのではなく、荒川氏のケースのように会社分割を組み合わせたほうが有利になる場合もあります。

M&Aに際してどんなスキームを選ぶことがベストなのかは、M&Aの目的、起業家が得られる対価や税務面での得失、M&Aまでの手間と時間など、さまざまな要素を総合的に勘案して判断されなければなりません。そういった判断の手助けをするのが、M&A仲介会社の役割の一つでもあります。

本書は連続起業をテーマとしているので、以後では株式100%譲渡による会社売却を前提にして説明してきます。

あなたの会社はいくらで売れるのか

M&Aイグジットが念頭に浮かぶようになると、「うちの会社は、いったいいくらぐらいで売れるんだろう?」と気になってくるでしょう。

具体的にM&Aイグジットを検討していて、実際に近い売却価格の目処が知りたいなら、M&A仲介会社に相談して算定してもらうのが一番良い方法でしょう。

しかし、まだそれほど具体的に検討しているわけではなく、「おおざっぱな目安を知りたい」とか、「買い手やM&A仲介会社がどうやって会社の値段を見積もっているのかを知りたい」という方もいるでしょう。

M&A業界では価格算定のことを、「バリュエーション」と呼びます。この言葉はよく出てくるので覚えておいたほうがいいでしょう。バリュエーションにもいろいろな考え方や手法があり、それだけで1冊の本になるほどの内容なので、ここでは考え方の要点だけを説明します。なお、会社売却＝株式譲渡を前提としていますので、以下では株式のバリュエーションを説明します。

会社の価格は、3つの要素で決まる

非上場会社の株式の価格は、主に次の3つの要素で決まります。

①株式がもっている本来的な価値（株式価値）
②外部環境（M&A市場の活況具合など）
③売り手と買い手の希望

先に、価格を決めることを「バリュエーション」と呼びました。広義でのバリュエーションには①〜③までの要素を入れますが、狭義でのバリュエーションは①のみを指します。

いずれにしても、まず①株式の価値を算定して、それを基準にしながら、②そのときの外部環境や、③売り手と買い手の希望、を反映して、交渉の末に最終的に価格が決定します。

ところで、M&Aの多くは相対《あいたい》取引になります。相対取引とは、上場企業のように、市場を介して実行される取引ではなく、一対一で交渉する取引のことです。なお、価格が数十億円や100億円を超えるようなM&Aでは相対形式ではなく、オークション形式といって複数の候補者が入札することにより、候補者や価格が決まる進め方も存在します。ただし、件数としては相対形式に比べ少なくなりますし、仮に100億円を超える案件であったとしても、秘匿性や関係性を重視し相対取引となるケースも多く存在することから、本書での詳細な説明は割愛させていただきます。

相対取引では、株式価値の算定といったロジックをすっ飛ばして、いきなり③売り手と買い手の希望、だけで価格が決められることもありますし、それでも問題はありません。

例えば、社長の友人が買い手になるのなら、

「今度別の事業をやりたいから、うちの会社、5億円で買ってくれない？」

「4億円なら出せるけど、それでどう?」

「OK。4億円でいいよ」

といった感じで、理論もなにもなくフィーリングで決めても、互いに合意をしているのなら、まったくかまわないということです(ただし、実態とかけ離れた価格での売買は、税務署から贈与もしくは寄付とみなされて税務上の問題が生じる可能性はあります)。それに近い感じで行われているM&A取引も、実際にあるでしょう。

しかし多くのM&Aは、第三者間での売買になるため、お互いがきちんと納得するためにも、なんらかの理論に基づいた株式価値の算定をして、それを基準にします。なぜなら、一般的には、他の条件が同じならば、売り手はなるべく高く売りたいと思いますし、買い手はなるべく安く買いたいと思うため、そこになんの基準もなくただ互いの希望を主張し合うだけでは、売買が成立しないためです。

また、買い手が上場企業であれば株主に対して、PEファンドであれば出資者に対して、「これこれの理由によって、この価格でM&A買収をしました」と説得力のある説明ができなければなりません。そこで、だれもが客観的に納得できる基準、あるいは「相場」といってもいいかもしれませんが、そういう価格が必要になります。その相場を示す理論が、株式価値算定の理論、つまり狭義でのバリュエーションの理論です。

なお、会社の売却価格＝株式価値の総額は、「1株の株価×株式数」で求められますので、「株式価値算定」は「株価算定」といっても意味はほぼ同じです。

株式価値を算定するための方法（バリュエーション方法）には、大きくわけて、①マーケットアプローチ、②インカムアプローチ、③コストアプローチ、という3タイプがあります。それぞれの中にもさらに細かい種類がありますが、以下ではその代表的な方法を見ていきます。

株式価値算定方法①

「EV／EBITDA倍率法」（マーケットアプローチ）

マーケットアプローチは、株式市場（マーケット）に上場されている類似他社の株式価値等を参考にして、なんらかの基準でそれと比較しながら、自社の株式価値を求める方法です。

売り手が非上場企業である場合、本来なら非上場企業の類似会社の株式価値や取引事例を比較対象として用いるほうがよいのかもしれません。しかし、そういったデータは広く公開されていません。また、先に述べたように相対取引であるために、株式価値が適正に評価されていない可能性もあります。

一方、上場企業の株式価値＝株式時価総額は、「株価×発行済み株式総数」ですぐに分かります。また、上場企業の株価は、その時点で不特定多数の市場参加者によって妥当だと認められている価格なので、価値評価としての客観性が高いと考えられます。

マーケットアプローチは、比較する「基準」をなににするのかによってさまざまな方法が考えられますが、一般的に用いられているのは、会社が事業によって生み出す利益（収益力）を基準にして株式価値を求めようとする「EV／EBITDA倍率法」です。

EBITDAとは、企業の収益力を表す指標

まず、EBITDAについて説明します。

EBITDAは、“Earnings Before Interest Taxes, Depreciation, and Amortization”の略で「税、支払利息、有形・無形資産の減価償却費控除前の利益」という意味です。

ざっくりいうと、損益計算書上の「営業利益」は、減価償却費が差し引かれていますが、

それを足し戻した利益概念、つまり「営業利益＋減価償却費」＝ＥＢＩＴＤＡだと考えればいいでしょう。では、なぜ減価償却費を足し戻すのでしょうか？

減価償却費は、固定資産取得時には現金支出があるものの、その後何年かで減価償却として費用化される際には現金支出を伴わない〝バーチャル〟な支出です。そのため、その計上額は、ある程度恣意的にコントロールすることができます。そのため、減価償却を控除したあとの営業利益では、企業の収益力が正しく評価できないことがあると考えられます。

特に、企業価値を計測するようなファイナンス理論の世界では、収益力とはすなわち「キャッシュを稼ぐ力」だとされるので、現金支出を伴わない減価償却費は、それがなかったものとしてみたほうが、正しい収益力を反映していると考えられるのです。

そこで営業利益の計算過程で控除された減価償却費を足し戻して、正しい収益力を見るための指標が、ＥＢＩＴＤＡです。

▼ＥＶは事業価値を表す指標

次に、ＥＶは、〝Enterprise Value〟の略称で、日本語では「事業価値」と呼ばれます。

図1　EV（事業価値）を示す図

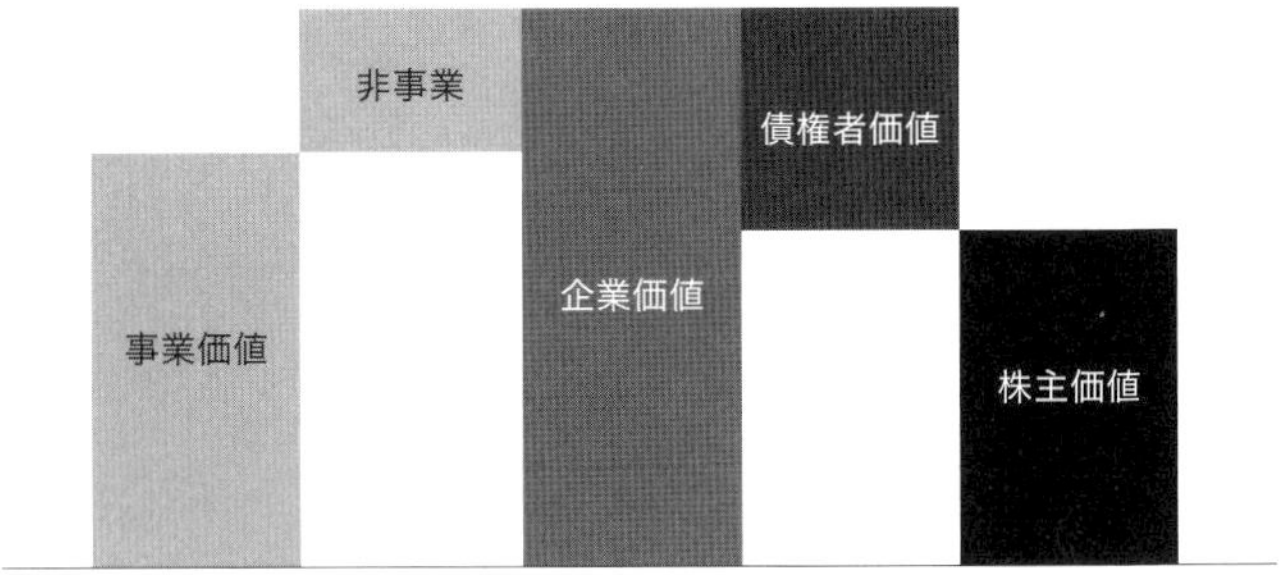

企業価値をEVと呼び、事業価値をBEVと区分するケースもありますが、本書では事業価値＝EVで統一します。ここで、「事業価値」「企業価値」「債権者価値」「株主価値」という価値概念の違いを理解する必要があります。企業価値は企業全体の価値です。これは、事業価値と、事業に使われていない非事業用資産の価値とに分類することができます。非事業用資産とは、事業価値を生むために直接役立っていない資産のことで、余剰現預金や投資用不動産などが含まれます。

一方、企業価値は債権者価値と、株主価値とに分類することもできます。債権者価値は、有利子負債の額です。株主価値は株式時価総額ですが、これが、EV／EBITDA倍率法によって求める「答え」になります。

これらの関係を図で示すと、図1のようになりま

図2　株主価値

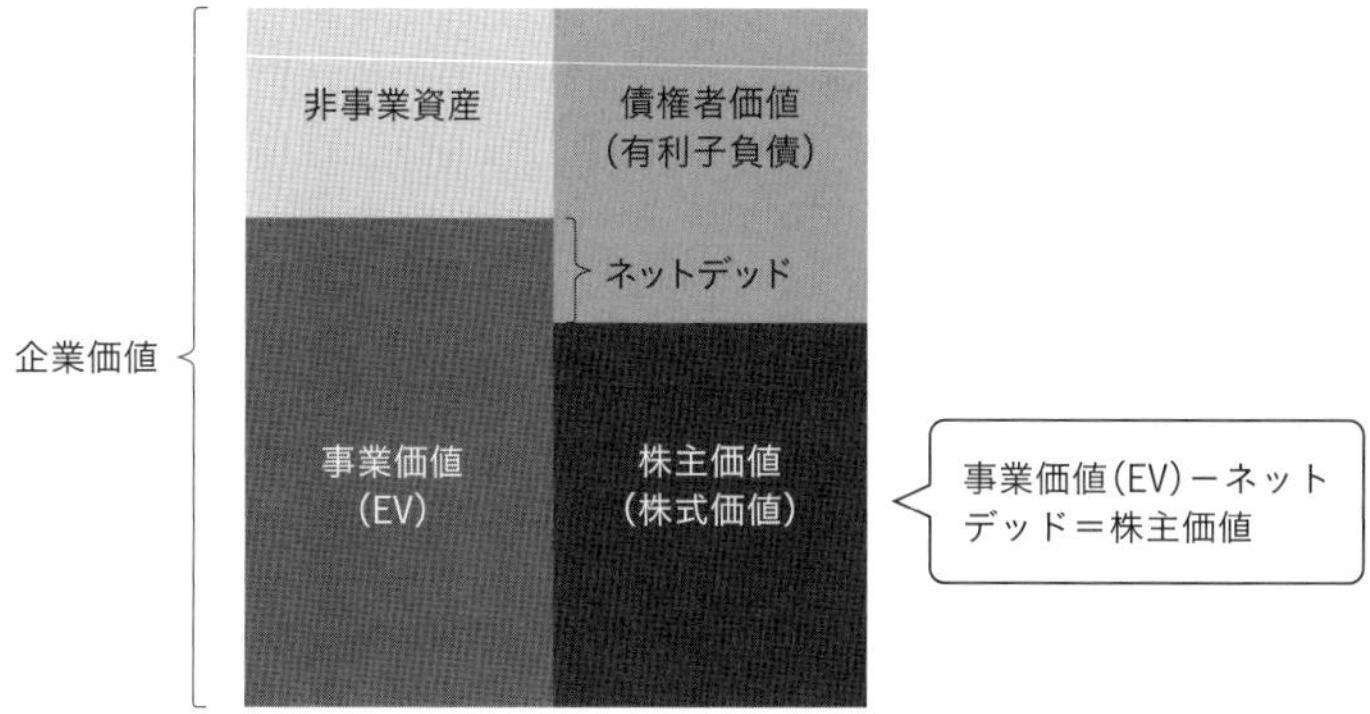

す。

ここで、有利子負債等から非事業用資産を控除したものを「ネットデット」（純有利子負債）と呼びます。図2から分かるように、事業価値（ＥＶ）からネットデットを控除したものが、求める株主価値（株式価値）になります。

事業価値（ＥＶ）－ネットデット＝株主価値…（1）

さて、ここまでに出てきた各要素がどのように求められるか、整理してみましょう（図3）。

・ＥＢＩＴＤＡ→営業利益＋減価償却費→損益計算書から求められる

・株主価値→これが求めたい目的の数字＝株式

図3　要素の整理

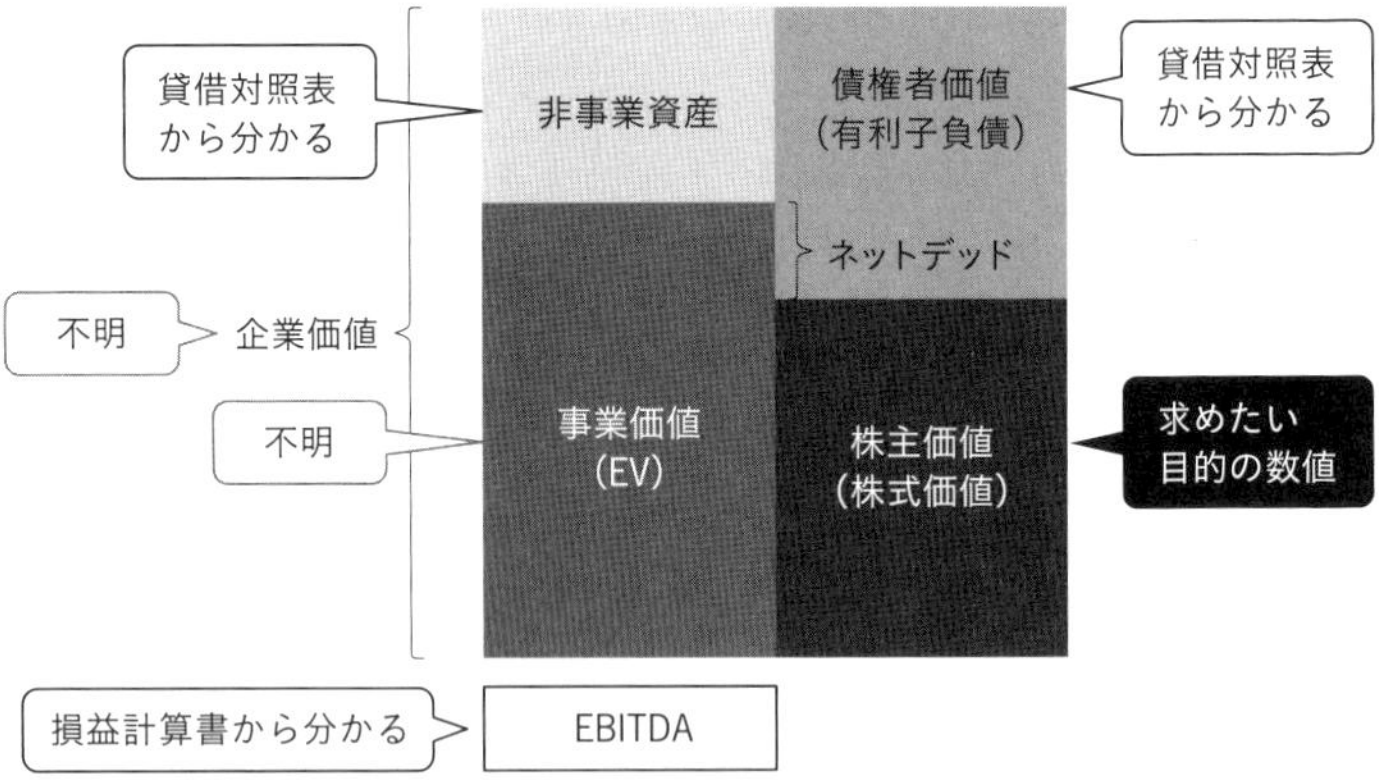

価値

・企業価値→不明
・事業価値（EV）→不明
・非事業用資産→貸借対照表から求められる
・有利子負債→貸借対照表から求められる

これだけだと、株主価値を直接算定することはできないことが分かります。そこで、類似業種の上場企業との比較を用いるのが、EV／EBITDA倍率法のキモとなります。

EV／EBITDA倍率法の計算

なぜ上場企業と比較するのかというと、上場企業の株主価値は、株式時価総額＝株価×発行済み株式数として、はっきり分かるからです。

株主価値が分かれば、そこにネットデットを足すことで事業価値（EV）を求めることができます。先の（1）式の変形です。

株主価値＋ネットデット＝事業価値（EV）…（2）

一方、上場企業は決算書が公開されているので、もちろんEBITDAも求めることができます。そこで、事業価値（EV）がEBITDAの何倍になっているのかが分かります。

事業価値（EV）÷EBITDA＝EV／EBITDA倍率…（3）

比較する会社が1社だけでは、偶発的な要素や業種や規模等が完全に一致する類似企業はないことによる誤差が生じるため、通常は複数（5～10社程度、少なくとも2、3社）の上場企業のEBITDA倍率を求めて、その中央値もしくは平均値を出します。そして、売り手会社のEBITDAにその倍率を掛けたものが、売り手会社の事業価値（EV）だと推定するのです。

あとは、先の（1）式に当てはめれば、売り手会社の株式価値が算定できます（図4）。

図4　上場企業のEV/EBITDA倍率

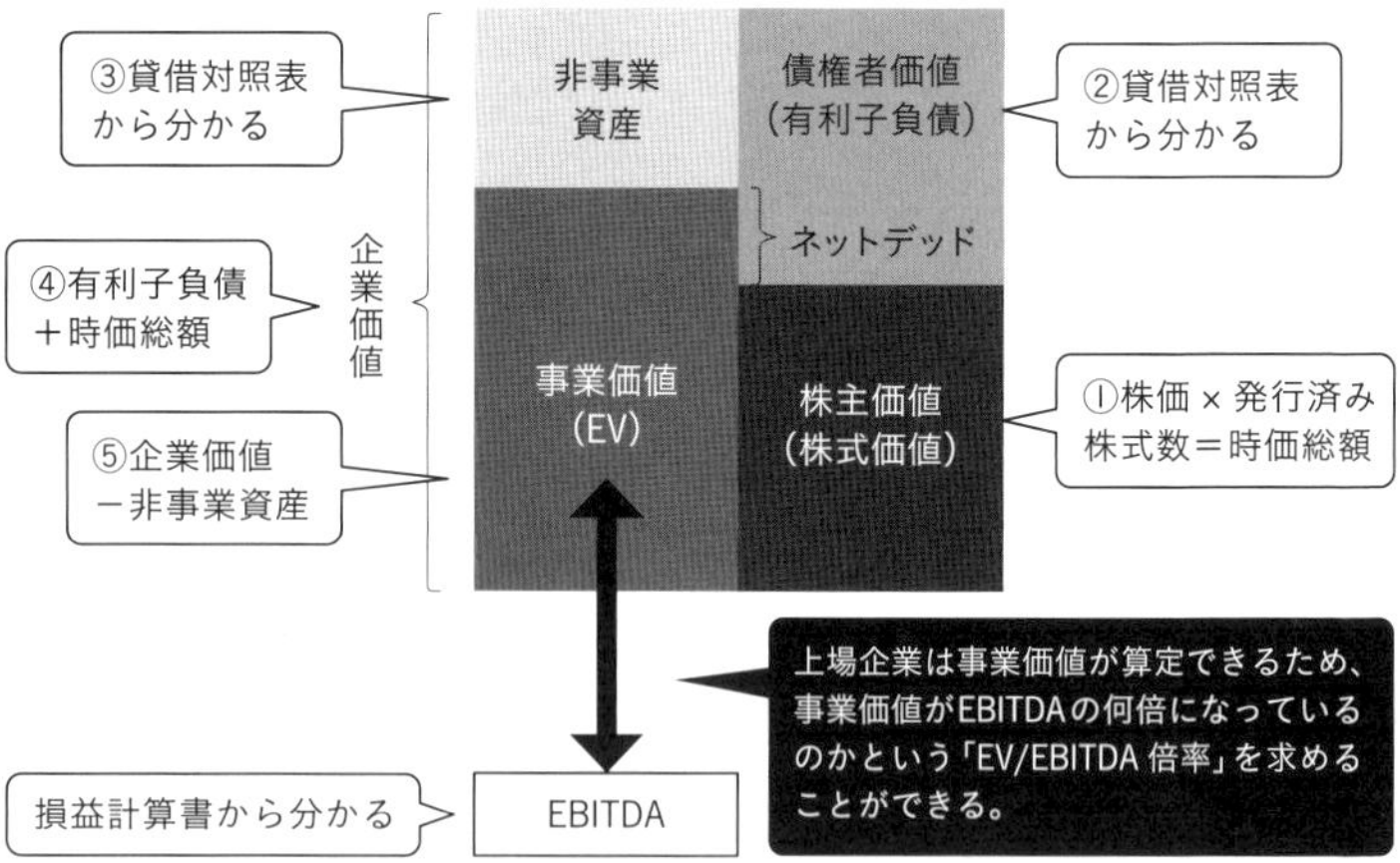

例えば、売り手会社の決算書から分かる数値が以下だとします。

・ＥＢＩＴＤＡ：５億円
・有利子負債：３億円
・非事業用資産：１億円

（ネットデット＝３億円－１億円＝２億円）

また、類似上場企業各社の平均ＥＶ／ＥＢＩＴＤＡ倍率が７倍だったとします。

すると、売り手会社の事業価値（ＥＶ）は、５億円×７倍＝35億円と推定されます。

次に、ここからネットデットを差し引きます。すると35億円－２億円＝33億円となり、これがこの会社の株式価値だと試算されます。

以上が、ＥＶ／ＥＢＩＴＤＡ倍率方式による、株式価値算定の概略です。

図5　EV/EBITDA倍率方式による株式価値の算定

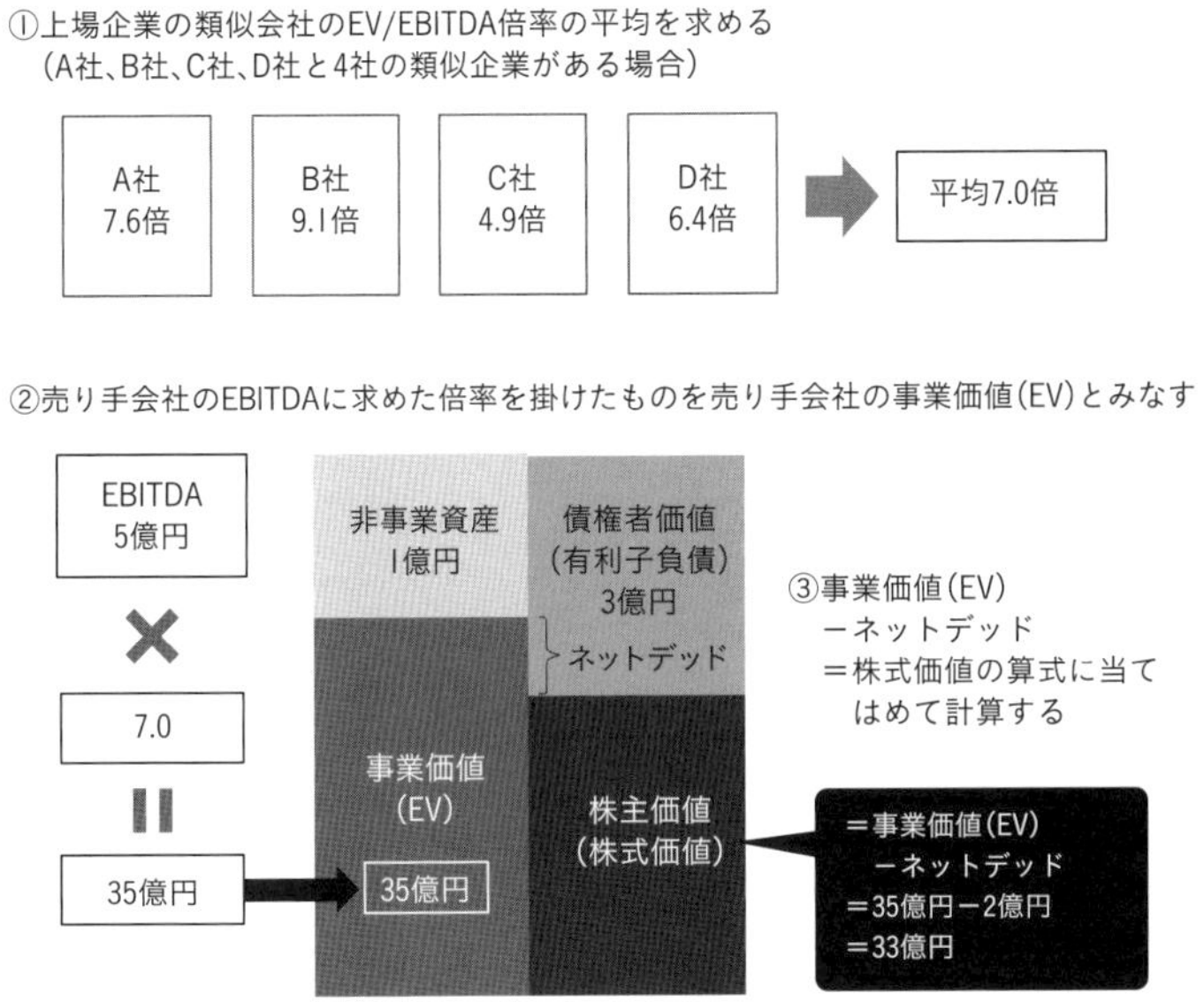
①上場企業の類似会社のEV/EBITDA倍率の平均を求める
（A社、B社、C社、D社と4社の類似企業がある場合）
A社 7.6倍
B社 9.1倍
C社 4.9倍
D社 6.4倍
平均7.0倍
②売り手会社のEBITDAに求めた倍率を掛けたものを売り手会社の事業価値（EV）とみなす
EBITDA 5億円
7.0
35億円
非事業資産 1億円
債権者価値（有利子負債）3億円
ネットデッド
事業価値（EV）
35億円
株主価値（株式価値）
③事業価値（EV）－ネットデッド＝株式価値の算式に当てはめて計算する
＝事業価値（EV）－ネットデッド
＝35億円－2億円
＝33億円

数値例

EBITDA	5 億円
有利子負債	3 億円
非事業用資産	1 億円
ネットデット	2 億円（＝ 3 億円－ 1 億円）

比較会社平均 EV/EBITDA 倍率	7 倍

EV	35 億円（＝ 5 億円 ×7 倍）
株式価値	33 億円（＝ 35 億円－ 2 億円）

EV／EBITDA倍率は、5~7倍が一つの目安となる

EV／EBITDA倍率は、比較的合理的に客観性をもって株式価値を算定できますが問題点もあります。その一つは、上場企業の株価を基準とするため、株式市況の影響を受けることです。

例えば、上場企業の株価が倍になれば、株式時価総額も倍になるため、EBITDA倍率も2倍になります（実際には株価が高いときにはEBITDAも上昇していることが多いので、もう少し影響は緩和されますが、話を単純化するためEBITDAは変わらないと仮定します）。

例えば、2020年3月のような株式市場全体が低迷しているときを基準に評価するのか、2021年初頭のように、株式市場が高騰しているときを基準にするのかで、自社の評価額が大きく変わってしまいます。

これがEV／EBITDA倍率法を用いる場合の注意点の一つです。また、先程も少し触れましたが、類似企業の選定に恣意性が介入する点も注意が必要です。そもそもファイナンス理論上の類似企業は、業種だけではなくビジネスモデルや製品構成、さらには規模や収益性等の類似性も総合的に勘案し、判断する必要があります。つまり完全にピッタ

リと当てはまる類似企業はこの世に存在しないともいえ、そのために複数の類似企業を選定する必要があるのです。

ただし、過去の歴史から、M&AにおけるEBITDA倍率のだいたいの目安は求められており、それは5~7倍だと考えられます。

おおざっぱな目安でいいのなら、いちいち上場企業の平均EV/EBITDA倍率を計算しなくても、EV/EBITDA倍率を5~7倍で計算してみればいいでしょう。

先の例なら、EV/EBITDA倍率を5~7倍とすると、株式価値は23億円~33億円になります。これが売却価格の目安になるということです。なお、私の会社では、ホームページにて、売上高など数個のパラメータを入力していただくと売却価格の目安が出力される無料簡易診断を公開しております。詳しくは、コーポレートサイトの「企業価値診断」タブをご確認下さい。

実際のM&Aの際には、きちんと上場企業のEV/EBITDA倍率が計算されて、それを基準に計算されることはいうまでもありません。

「DCF法」(インカムアプローチ)

インカムアプローチとは、売り手会社が将来稼ぐと予測される収益に着目して株式価値を算定する方法です。このアプローチの代表が、「ディスカウンティド・キャッシュフロー法」で、略して「DCF法」と呼ばれます。

「DCF法」を具体的にいうと、

①会社の事業が将来生み出すと想定されるフリーキャッシュフローを算定する。

②その総額を現在価値に割り戻す(ディスカウントする)。

③②で求めた総額を事業価値(EV)とする。そこからネットデットを差し引いた金額を株主価値とする。

というプロセスで株主価値を求めます。

DCF法は、将来キャッシュフローを現在価値に割り戻すためこの名前が付いています。これは、「将来得られるキャッシュは現在手元にある同額のキャッシュよりも価値が低い」というファイナンスの考え方に基づいています。なぜなら、現在手元にあるキャッ

図6　ディスカウンティド・キャッシュフロー方式

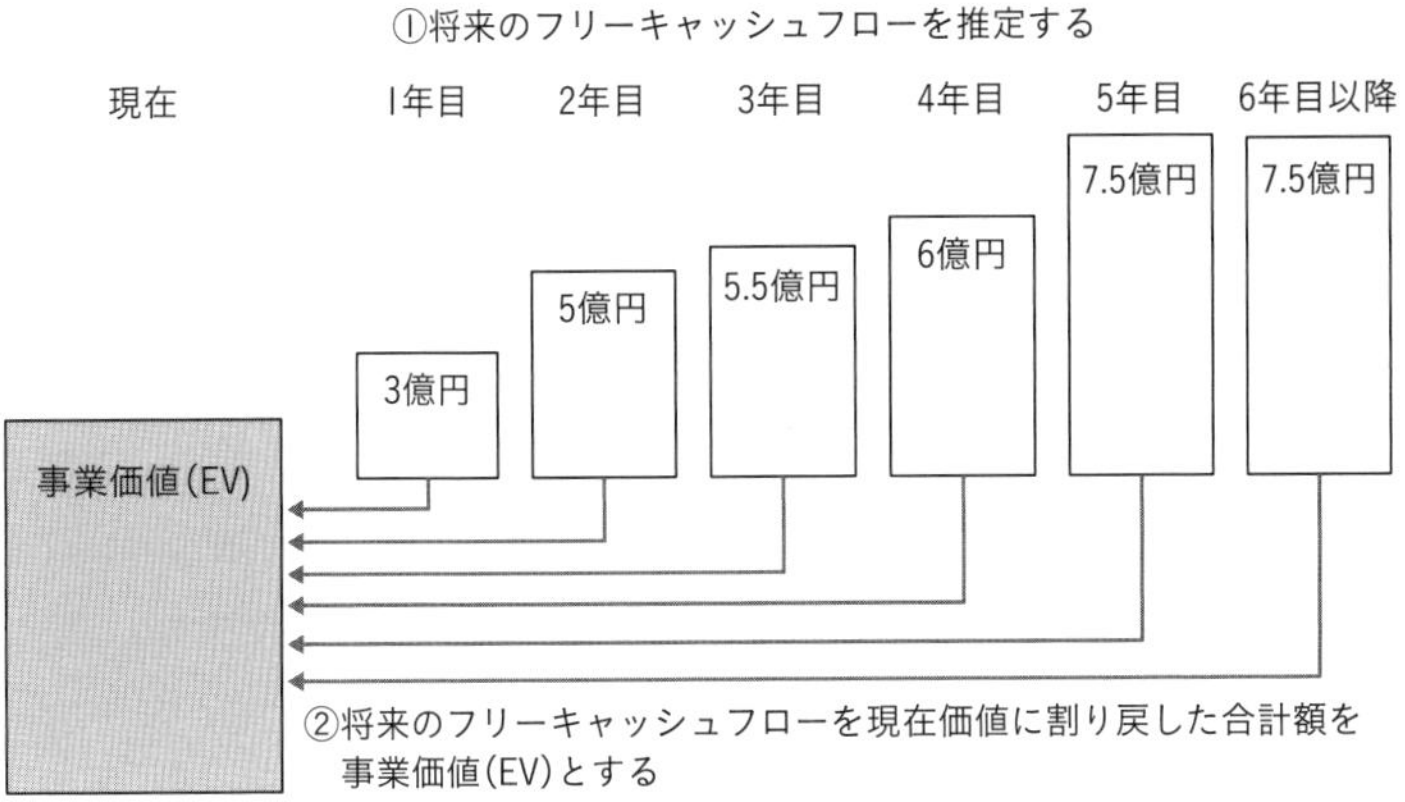

③「事業価値(EV)ーネットデッド」で株式価値を求める

シュは預金すれば利息が得られて将来増えていくが、将来得られるキャッシュは不確実性が伴うため、仮に同額であったとしても現時点と何年後かのキャッシュは同価値であるといえないはずだからです。

現在手もとにある1億円のキャッシュを利息1％で預金して、1年後に1億100万円になるとしたら、現在の1億円＝1年後の1億100万円と考えられます。つまり1年後に得られる1億円を現時点の価値で考えるなら、1億円未満になるということです。

また、計算に用いられるフリーキャッシュフローは、「営業利益×（1－税率）＋減価償却費－設備投資額－運転資本の増減」と定義されます。この式の意味について説明すると長くなるので割愛しますが「会社が自由に使えるお金」と考えてください。

ＤＣＦ法は、ファイナンス理論に基づく方式であり、理論的には最も妥当とされる株式価値算出方法です。将来の収益（フリーキャッシュフロー）の増加が、現在の株式価値にある程度正しく反映できるため、高い成長率が見込まれる会社の株式価値も、ある程度適正に判定できます。

ただし、その前提として、将来得られるであろうフリーキャッシュフローや、それを現在価値に割り引くための割引率が正しく算定できることが必要です。

そのため、ある程度精緻な中期経営計画や投資計画を作成できるレベルの企業以外では、実際には適用が難しい方法であり、小規模のＭ＆Ａではあまり利用されることがありません。

株式価値算定方法③

「時価純資産価額＋営業権方式」（コストアプローチ）

コストアプローチは、簡単にいうと、貸借対照表の純資産額を基準にして株式価値を求める方法です。

ただし、税務申告用に作成された決算書の貸借対照表では、計上時点での価格（簿価）と、現時点での価格（時価）に大きな乖離が生じている資産や負債があります。

例えば商品在庫（棚卸資産）などは、多額の簿価が計上されていても、実際には販売可能性がほとんどなく、価値がゼロに近くなっていることがよくあります。あるいは回収不能の債権などが計上されたままのこともあります。逆に、昔買った不動産などは、購入時よりも値上がりして、時価が高くなっていることもあります。

そこで、そういったものをすべて洗い出して調整し、時価貸借対照表を作ります。

この時価貸借対照表の時価純資産（総資産時価と負債時価の差額）は、株主に帰属する株主価値であり、また、その時点で会社を解散すれば株主に分配される解散価値にも近い概念になります。

そこで、この時価純資産を株式価値だとする考え方もあります。

しかし、それでは会社が将来生むはずの収益が含まれません。M＆Aにおいて、買い手は、会社がもつ資産を買いたいわけではなく、将来利益を生む「しくみ」を含めて買いたいわけなので、時価純資産だけを株式価値だとするのは、企業の将来性や収益性を考慮しない評価手法であるといえます。

なぜなら、企業の収益は、貸借対照表に計上されている資産があれば、自動的に生み出されるわけではないからです。その資産をどのように使ってビジネスをするのかという「ビジネスモデル」や「ノウハウ」、あるいは「ブランド」や「信用」といった目に見えない要素と、目に見える資産とが組み合わされて、はじめて収益を生む源泉となるのです。

ビジネスモデルやノウハウ、ブランドなどは無形資産とも呼ばれますが、これらの無形資産の価値は、通常は貸借対照表に計上できません。

しかし、それがあることは間違いないのであれば、M＆Aに際して、それらの無形資産も評価したうえで、価格が算定されるべきです。そこでM＆Aの対価に、無形資産に対する評価を「営業権」として加えます（営業権は「のれん（代）」と呼ばれることもあります）。

つまり、時価純資産の価額に「営業権」を加えた価額を株式価値とします。この方法は「時価純資産価額＋営業権方式」と呼ばれ、コストアプローチの代表的な手法です（図7）。

図7　時価純資産価額＋営業権方式

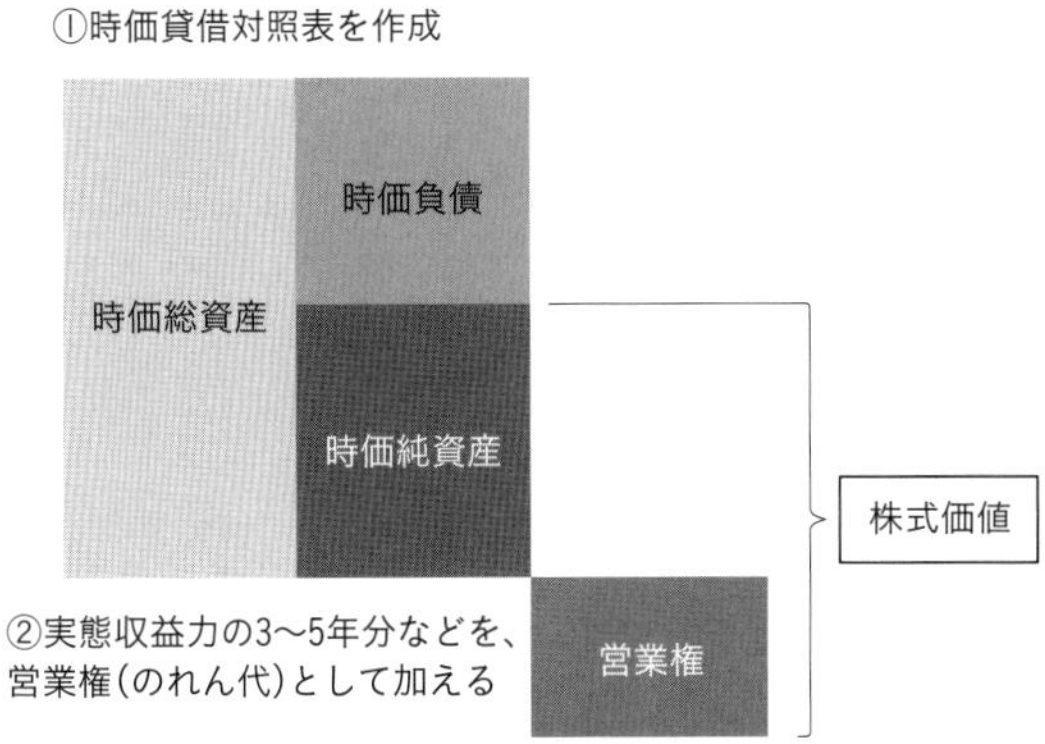
①時価貸借対照表を作成
時価負債
時価総資産
時価純資産
株式価値
②実態収益力の3〜5年分などを、
営業権(のれん代)として加える
営業権

では、この営業権部分の価格はどうやって決められるのでしょうか。よく用いられているのは、「実態収益力」の3年分程度を営業権としてみなす方法で「年買法」（または年倍法とも）と呼ばれます。つまり、売り手の会社は少なくとも今後3年程度はいまと同程度の実態収益が出せるだろうと考え、その分を営業権として評価しようということです。営業権部分を何年とみるかは、場合によって異なり、買い手の買いたいという気持ちが強ければ5年分になるかもしれませんし、逆に売り手の売りたい気持ちのほうが強ければ1年分もつかないかもしれません。

先のEV／EBITDA倍率法では、上場企業の実際の数値（倍率）という明確な基準がありましたが、年買法にはそのような基準がなく、3年程度というのも単なる慣習です。その意味では、やや曖昧さが残る方法だとはいえます。

株式価値算定方法の使い分け

実際のM&Aの際には、①~③の各方法でいったんバリュエーションをして、その重なる部分や中央値が株式価値として用いられることになります。

例えば、マーケットアプローチでは10億円から15億円、インカムアプローチでは12億円から16億円、コストアプローチでは9億円から12億円、などの幅があるとすれば、重なる12億円をだいたいの株式価値と考えるということです。

ただし、いずれの方法も均等に重視されるのではありません。

中堅・中小企業、具体的には売買価格が、数億円から100億円程度の規模までのM&Aイグジットでよく用いられているのは、①マーケットアプローチです。

②インカムアプローチは、将来のフリーキャッシュフローの推移=事業計画がある程度はっきり予測できる場合でないと正確な価値を算定しにくいので、上場企業やそれに近い

大企業で主に用いられます。

一方、規模が小さい場合や、EBITDAの成長性が期待できない会社、事業承継案件の場合などは、③コストアプローチが中心になります。

連続起業を目指すような場合のM&Aイグジットは、数億円から100億円程度までの規模が中心なので、よく利用されるのは①マーケットアプローチ（EV／EBITDA倍率法）になります。3種類の中でも、この考え方だけは確実に押さえておいたほうがいいでしょう。

最後は「気持ち」で価格が決まる

以上、狭義のバリュエーションによって株式価値が算定されますが、それがイコール、売却価格になるわけではありません。

株式価値を基準にしながら、そこに外部環境や、売り手の気持ちや買い手の気持ちが加味されたものが、最終的な売買価格になります。

外部環境とは、例えば景気が悪くなったり、コロナ禍のような先行き不透明な状況になったりすると、多くの企業では「不安だから、とりあえず積極的な投資はやめて様子を見よう」という気持ちが生じます。すると、買い手が減ります。売り手の数が変わらずに買い手が減れば価格が下がるというのは、経済の原則です。

逆に、経済が活況になったり、企業にお金が余ったりしているときは、積極的に投資をしたい買い手企業が増えます。すると、買い手の間で競争が起きるので、価格を引き上げる力が働きます。

また、外部環境とは関係なく、売り手や買い手の気持ちも影響します。

例えば、「経営戦略上、この分野で実績を上げている会社をどうしても買収したい」とか「この技術がすぐに欲しい」という気持ちが買い手にあれば、多少高くてもいいから急いで買おうという判断がなされるでしょう。

売り手のほうでも、例えば「急いで新しい事業を始めたいので早く現金が欲しい」とか、「売却価格よりも、会社に残される社員の待遇を重視してほしい」という気持ちが強ければ、多少低い価格でも売るという判断になるでしょう。あるいは、新規事業の開始にどうしても◯億円は必要なので、それ以下では売らないという気持ちをもっていることもあるでしょう。

このようにして、理論的に算出される株式価値を基準にしながらも、それがイコール売買価格になるわけではなく、外部環境や売り手・買い手双方の意向や気持ちを反映して、最終的なM&A価格が決定されていくのです。

M&Aのプロセス①
M&A仲介会社への相談から業務委託契約まで

ここからは、具体的なM&Aの進行プロセスの概要を説明します。

M&Aイグジットが念頭に浮かんだとき、起業家が自分の交友範囲の中で買い手を探してもかまいません。例えば友人や知人の経営者、あるいは取引先などの関係者に「うちの会社を買ってもらえませんか」と言って、起業家自らが交渉してもいいのです。しかし、交友範囲の中だけで都合良く買い手が見つかることは、まれでしょう。また、秘密保持などの問題もありますし、仮に買い手が見つかったとしても、条件交渉や契約の実務を自分で行うのは、かなり大変です。

そのため、実際はM&A仲介会社などのプロに買い手探しを依頼することが一般的になっています。

では、M&A仲介会社に相談をするタイミングはいつがいいのでしょうか。

M&Aイグジットを検討し始めても、そこからすぐに「売る」と決めることができる人は少ないと思います。多くの起業家は、「売ったほうがいいだろうか。それともこのまま会社を成長させていくほうがいいだろうか…」、と悩むものです。

私は、その悩み自体を、M&A仲介会社に相談してみることをおすすめします。多くのM&A仲介を経験してきたアドバイザーなら、会社の実状や起業家のライフプランをしっかり踏まえたうえで、売る場合と売らない場合、それぞれのメリット、デメリットを説明してくれるはずです。それが、起業家が自分の考えを整理するためにも役立つのです。もちろん、M&A価格の概算も出してもらえます。

早めに相談して、ある程度準備期間を長く取れるなら、会社を第3章で述べたような「高く売りやすい会社」につくり変えることもできるでしょう。しっかり準備期間をとったほうが、いい買い手を見つけて、高い価格で売れる可能性が増すのです。

すでに説明したように、M&Aには売り時のタイミングもありますが、相談だけは早めにしておいて少しずつ準備を進めておけば、いざそのタイミングになったとき、素早いM&Aが可能になるでしょう。

なお、M&A仲介会社に相談をしたら、必ずその会社と契約を結ばなければならないのではないかと心配するかもしれませんが、そんなことはまったくありません。「売るかどうかはまだ決めていないけれど、とりあえず売却価格の見積もりだけ知りたい」といった感じで、気軽に相談してみてください。時間が許すのなら、何社ものM&A仲介会社に相談してみてもいいでしょうし、個人的にはそうすることをおすすめしています。

相談の結果、M&Aを進めるという方向になれば、売り手会社の決算書などの基礎資料と、さまざまな希望条件から、初期的な譲渡価格の概算が算出されます。

また、株式譲渡がいいのか、事業譲渡や他の方法がいいのかなど、M&Aスキームも含めて、提案がなされます。

アドバイザーから示された提案内容に納得できれば、M&A仲介会社との間で、業務委託契約（アドバイザリー契約）を結んで、具体的なM&Aプロセスに入ります。

M&A仲介会社に支払う報酬は？

売り手がM&A仲介会社に支払う報酬ですが、大きくわけて、着手金、中間金、成功報酬、リテイナーフィー（月額手数料）などの種類があり、その会社によって報酬体系が異なります。

一般的なのは、契約時の着手金＋基本合意締結時（意向表明提出時）の中間金＋M＆A契約成立時の成功報酬という報酬体系です。

また、着手金ではなく一定の段階まで進んだときの中間報酬＋成功報酬というパターンもあります。なお、着手金や中間金は、M＆Aが成立しなくても返還されないことが一般的です。

成功報酬は、M＆Aの時価総資産額や譲渡金額（仲介会社によってマチマチ）に段階を設けて、その段階ごとに金額の何パーセントと定めるレーマン方式が一般的です。例えば、譲渡金額5億円以下の部分は5％、5億円超10億円以下の部分は4％、10億円超50億円以下の部分は3％…、といった具合です（図9）。

なかには、着手金や中間金を不要として「完全成功報酬」をうたっている仲介会社もあります。ここで注意しなければならないのは、完全成功報酬だからといって、M＆Aが成立した場合の報酬が必ずしも安く済むというわけではないことです。当然ながら、料率次第です。もちろん、完全成功報酬なら、M＆A契約が成立しなければ成功報酬を支払う必要はないので、ゼロで済みます（実費は除く）。しかし、成立しないことを前提に考えるというのも少し変な話だとは思いますし、着手金等が発生しないことにより売り手もし

図8　M&Aプロセスの全体像

(1)検討からアドバイザリー契約締結まで

- M&Aの検討
- M&A仲介会社への相談
- 想定M&Aスキーム、想定売却額などの検討
- アドバイザリー契約の締結

▼

(2)買い手候補の探索から基本合意まで

- 買い手候補のリストアップ(ロングリスト)
- ノンネームシートの作成
- 企業概要書(インフォメーションメモランダム)の作成
- ロングリストの絞り込み(ショートリストの作成)
- ショートリスト掲載企業への打診
- ネームクリア(企業概要書の提示)
- トップ面談
- 買い手からの意向表明書の提示
- 基本合意締結

▼

(3)デューディリジェンスからM&A実行まで

- デューディリジェンス
- 最終契約書の作成
- 最終契約
- クロージング
- 従業員、外部への開示
- 経営統合(PMI)

図9　レーマン方式の例

譲渡企業の時価総資産額	料率
5億円以下の部分	5%
5億円超10億円以下の部分	4%
10億円超50億円以下の部分	3%
50億円超100億円以下の部分	2%
100億円超の部分	1%

くは仲介会社が本気で売却に向けて動かなかったり、モチベーションが上がらず案件が長期化するケースも散見されます。

リテイナーフィー（月額手数料）は、大手の証券会社やコンサルティングファームがＦＡ業務を請け負う場合によくある報酬方式で、Ｍ＆Ａが成立するまで毎月３００万円などの一定金額を支払い続ける方式です。

なお、Ｍ＆Ａ仲介会社に支払う報酬以外に、弁護士費用などの実費は必要になります。

また、Ｍ＆Ａ仲介会社は、一般的に最低報酬の基準を設けています。例えば、レーマン方式で計算される報酬総額が１５００万円だとしても、最低報酬の設定が２０００万円であれば、実際の報酬額は１５００万円ではなく２０００万円になる、という形です。

どんな報酬が発生し、その金額がどれくらいで、いつ支払うのかといった点は、相談の初期段階で確認しておきましょう。

M&Aのプロセス②
買い手候補との交渉から中間合意まで

アドバイザリー契約が結ばれたら、M&A仲介会社は売り手に対する詳細な調査を行い、より正確な企業価値算定をして、売り手側からの希望売却価格をすり合わせておきます。また、買い手に提示するための資料を仲介会社が作成します。主な資料は、「ノンネームシート」と「企業概要書」の2種類です。

ロングリストの作成

ノンネームシートとは、企業名は記載せず、業種や事業内容、売上高、利益額、従業員数、所在地、M&Aの目的など、企業名が特定されない程度の基本的な情報だけをA4用紙1ページ程度にまとめた簡易的な資料です。

また、「企業概要書」は、企業名、代表者名をはじめ、沿革、事業の詳細、業績や財務の状況などについて詳細に記したもので、通常、数十ページのボリュームになります。英語で「インフォメーション・メモランダム（Information Memorandum：ＩＭ）」と呼ばれることもあります。

Ｍ＆Ａ仲介会社は、日頃から常に買い手候補企業の情報を集めてデータベース化しているので、そのデータから、またデータ外の買い手にもそのつど探索・アプローチをして、今回の売り手にマッチしそうな企業のリストを作成します。この初期段階のリストを「ロングリスト」と呼びます。私たちの場合、１００社程度のリストを作成します。

ロングリストに載った企業に対して、先に作成しているノンネームシートを提示します。ノンネームシートから売り手会社に興味をもってくれた企業には、守秘義務契約を締結後、企業概要書（ＩＭ）を提示・説明します。

売り手は、ロングリストの買い手候補一覧を確認して、その中から、ノンネームシートもしくは企業概要書（ＩＭ）を提示してもよいと思われる相手を決めます。ロングリストに掲載されており相手方は興味をもちそうであっても、競合する他社や社風があわないと思われる会社は外して、Ｍ＆Ａ交渉を進めてもよいと思われる相手にだけ、売り手の企業名を明かして、詳細資料を提示するわけです。この段階を「ネームクリア」といいます。

また、この段階で、先に見積もった売り手の希望売却価格も伝えます。

買い手候補は、企業概要書により詳細を確認し、買収を進めたいと思えば、買い手側でのバリュエーションを行って希望買収価格の概算や、その他の条件を伝えてきます。

ここで、M&A仲介会社がスクリーニングをして、金額その他の条件があまりにもかけ離れている買い手候補は除外し、プロセスが進みそうだと思われる会社を選定して、互いの経営トップが顔を合わせる面談を行います。

トップ面談と、意向表明

最初のトップ面談は、そこで条件交渉を行う場というより、お互いの人となりを確認したり、相手先企業をより理解するための「お見合い」のような場です。中小企業はトップの考え方がそのまま社風になっていることが多いので、社長の人柄や理念を知ることにより、相手先企業の社風や企業文化などもおおむね知ることができます。もちろん、今後の経営戦略や売上成長など、事業の具体的な話をしてもかまいません。

また、トップ面談とは別に、買い手が売り手の会社や工場を見学することもあります。

ちなみに、M&Aは原則的には社内でも秘密裏にして社長だけ（または社長に加えて一部の経営トップ層）で進行させます。そのため見学があるときも、なにか名目をつけて行ったり、工場が稼働していない休日に実施したりと、社員にM＆Aだと悟られないようにします。

これらのプロセスを経て、買い手は「意向表明書」を提出します。意向表明書には、自社の紹介にはじまり、なぜこの会社を買いたいのか、買った後にどのように運営するつもりか、買収希望価格やその根拠などの内容が記されます。

トップ面談での印象や意向表明書の内容から判断して、この会社に譲りたいという1社が決まれば、基本合意を結びます。

基本合意とは、その段階までに取り交わした資料や話し合われた内容に基づき、譲渡価格などの条件や、M＆Aスキーム、いつまでにどのような形で進めるかといったスケジュール、秘密保持などをまとめた合意です。この合意自体には、秘密保持等を除き、法的な拘束力をもたせないことが普通です。しかし、M＆Aプロセスは長期にわたり、次頁で説明するDDフェーズに入るとコストや工数が増加するため、段階的な確認をしたほうがお互いに安心だという意味でも、基本合意書を作成することが一般的です（M＆Aを急いで進めたい場合など、基本合意書を作成しないケースもあります）。

なお、ケースによって異なりますが、平均的には、ロングリストに掲載される買い手候補は100社程度、そこからネームクリアするのが30〜40社、トップ面談をするのが数社〜10数社、基本合意を締結するのが1社、という具合に絞り込まれていきます。

M&Aのプロセス③
会社の内容を精査するデューディリジェンス（DD）

基本合意後、デューディリジェンス（Due Diligence：DD）が実施されます。デューディリジェンスとは一般的に、買い手企業やそこが任命した公認会計士や弁護士等の専門家が、売り手企業の内容を精査するプロセスです。企業概要書や決算書に記された内容に間違いはないか、事業や組織の内実、将来のリスクの可能性などを、買い手会社のM&A担当者をはじめ、公認会計士、弁護士、コンサルティングファームなどの専門家が詳しく調査します。

DDは、財務・税務DD（税理士、公認会計士）、法務DD（弁護士）、ビジネスDD（買い手企業の事業部、コンサルティングファームなど）の3分野が中心になります。ここから、業種によっては、システム開発会社ならITシステムDD、不動産会社なら不動産ＤＤ、産業廃棄物処理業なら環境ＤＤなど、専門的分野のＤＤが追加される場合もあります。

通常、ＤＤによって、なんらかの問題点やリスクが発見されます。ＤＤでなにも問題点が見つからない企業はまずないといっていいでしょう。

典型的な例は、未払残業代です。本来は良くないことですが、実際上、中小企業やスタートアップで残業代を1分単位できちんと支払っている会社はまれです。社員は退職後、過去2年間（２０２０年4月1日以降は時効が3年に延長され、将来的には5年間に延長予定）にさかのぼって未払残業代を請求することができ、会社側はこれを拒否できません。

したがって、過去にきちんと残業代を支払わないまま退職している社員がたくさんいる場合、いつそれを請求されるか分からないのです。当然そういった事項は財務諸表には記載されていません。つまり簿外債務のリスク要因です。

あるいは、顧客や取引先などとトラブルになっていて訴訟が起こされている、または起こされそうという場合も、将来に賠償金などの支払いが発生する可能性があるリスク要因となります。

ビジネスＤＤなら、現在のビジネスモデルを揺るがすような市場の環境変化や強力な競合の登場がすでに生じていれば、それもリスク要因です。

こういったさまざまなリスクが、中小企業の場合はいくつも発見されることが普通です。

DDではそういったリスクをすべて洗い出していきます。

その結果を踏まえて、買い手はM&Aの実施可否や最終契約の条件を判断します。

問題が見つかっても軽微なものであれば、基本合意の内容のままで進めることもあります。ある程度大きな経済的影響を与えるリスクが発見されれば、基本合意書に記された譲渡価格をいくらか減額することで調整される場合もあります。

また、非常に大きなリスクや重大な点に関する虚偽が発見された場合は、その時点でM&Aが破談になることもあります。

DDで破談のきっかけをつくらないために

実務上、DDの段階で問題が見つかって、M&Aが破談になるケースは1割くらいはあるでしょう。決してレアケースではありません。

そうなってしまえば、これまで掛けてきた手間や時間がすべて無駄になってしまうので、なるべくそれは避けたいところです。

では、そのためにどうすればいいかということですが、アドバイザーには最初からすべてを話しておくことに尽きます。

経験豊富なアドバイザーは、最初の相談段階や企業概要書作成の段階で、問題になりそうなポイントに気づき、確認します。そのときに、違法行為や問題点があったとしても、包み隠さずすべてを話しておくことがポイントです。

アドバイザーは、それをどの段階でどのように買い手に伝えるのがベストかを考えて、伝えてくれます。

当然ながら、隠し事があって、それが発見されるのが後になればなるほど、買い手の心証は悪くなります。M&Aは多くの関係者に影響を与える、しかも高額な取引なので、少しでも相手に「信用できない」と感じられる部分があると、一気に気持ちが冷めてしまうものです。そうならないためにも、悪いことほど早めに伝えるのが鉄則です。

ただし、意図的に隠蔽しているのではなく、それがDDで問題とされるような事項であることに、社長自身が気づいていないということもあります。未払残業代や訴訟であれば、通常は社長自身も問題を認識しています。しかし、これもよくDDで指摘される退職給付引当金や賞与引当金などの引当金を正しく計上しているかどうかといった点は、社長自身がよく理解していないため、問題として認識していないということもあります。

そういう点の漏れを防ぐために、規模の大きなM&Aなどでは、セルサイド（売り手）DDといって、M&A交渉に先立って売り手が自分たちで専門家に依頼してDDをすることもあります。セルサイドDDをしておけば、破談の可能性はかなり低くなりますし、条件交渉においても説得力のある交渉が可能になります。

なお、通常の（バイサイド）DDは、買い手が実施するので、専門家への依頼費用なども買い手が負担します。一方、セルサイドDDは売り手が費用を負担します。この費用はM&A仲介費用とは別途の実費負担が必要です。

M&Aのプロセス④
最終契約で注意すべきポイント

DDで問題点の洗い出しが済んだら、それを反映した最終的な条件交渉を行い、最終契約書である「株式譲渡契約書」に落とし込んでいきます。

一般的に契約書は弁護士がドラフトを作成し、それを互いに確認してやり取りをし、細かい修正を加えながら最終版まで仕上げていきます。

契約書の中では、譲渡金額や引継業務などの重要事項の確認は当然必要ですが、契約書内で多くのボリュームを占める「表明・保証」の項目は、十分注意して確認しておく必要があります。

買い手はDDで売り手の会社をチェックはしますが、短期間ですべての問題を見つけられない可能性もありますし、また意図的に問題点が隠されていたような場合、それを見抜くことが難しいこともあります。

そこで、契約時点で売り手が（売り手より項目は減りますが厳密には買い手も）、「うちの会社には、こういう問題はありません」「もしこの問題があったら（損害賠償などの）対応をします」と宣言するのが、「表明・保証」の項目です。英語では「representation and warranty」で、略して「レプワラ」と呼ばれることもよくあります。

もし「表明・保証」で保証した内容に反する事実がM＆A実行後に判明した場合には、損害賠償金を支払うことなどの補償が求められます。そのため、「表明・保証」の内容、および、それがいつまで効力をもつのかという期間、反する内容があった場合に、いくらまで補償をしなければならないのかといった補償内容もあわせて、十分に確認しておく必要があります。

例えば、補償期間がM&A後の1年間なのか10年間なのかでは大きく異なりますし、損害賠償金額がM&A譲渡金額を上限にするのか、その10%までなのか、それとも条件を設けずに損失金額のすべてにするのかでも、大きく異なります。

連続起業を目指すのなら競業避止義務には十分注意

もう一点、特に連続起業を目指す起業家の場合に問題になりがちなのが、競業避止義務の項目です。連続起業の場合、以前の業務とまったく関係ない分野で起業することは少なく、なんらかの類似業種や関連業種で起業することが多くなります。

しかし、M&Aでは、同じ地域で、まったく同じ業務を行う競業は、禁止されるのが普通です。

そこで、どこまでの類似範囲が禁止されるのか、どこまでの地域での類似起業が禁止されるのか、またその期間は何年なのかといった点は、十分注意して確認しておくことが必要ですし、場合によっては時間を掛けて交渉する必要もあります。

「表明・保証」や「競業避止」など、M&Aの契約書は通常の取引契約では見慣れない項目も多いため、その内容がもつ意味について分からないことがあれば、必ずアドバイザーや弁護士にも確認しておくことが大切です。

売り手と買い手が最終契約書を互いに合意し締結されたら、クロージング段階に進みます。クロージングにまつわる作業もいくつかありますが、それらはM&A仲介会社が適宜処理してくれます。そして、各種書類を準備し、譲渡代金の振り込みが完了すればM&A成立です。

社員はM&Aをどうとらえるか？

M&Aを進めるにあたっては、最終的に契約が成立するまでは、社内でも秘密にしておき、契約成立前後もしくはクロージング時に社員に説明するのが普通です。これは、社員がM&Aとはどういうものなのかをよく理解していないため、「会社が身売りするらしい」といたずらに不安を感じて、社内に混乱が生じて業務に支障が出ることを防ぐためです。

もちろん会社によって事情は異なり、数人の創業メンバーだけで運営している小さな会社であれば最初からオープンに相談しながら進めたほうがいい場合もあるでしょう。

一般的には、M&A契約締結後やクロージング日に社員全員を集めて、売り手社長から、M&Aをした事実やその背景などを告げます。連続起業家として、リスクを負って新しい事業に挑戦したいという夢があるなら、そのことを正直に話せば社員は理解してくれるはずです。

また、その際には買い手社長も同席して、今後どのように会社を運営していくつもりなのか、どうやって事業を成長させていくのか、また、今までと変わらずに働いてほしいことなどを社員に伝え、不安を払拭します。

そして、その後、さまざまな実務的な面での、買い手との経営統合プロセス（Post Merger Integration：PMI）に進んでいきます。

M&Aイグジットを考える際に、社員の気持ちを考えると躊躇してしまうという起業家もいます。「苦楽をともにして働いてきた社員ごと会社を売って、自分だけがイグジットの利益を得ていいものだろうか」というわけです。誠実な気持ちで経営に当たってきた真面目な経営者ほど、そういう悩みを感じるでしょう。

しかしほとんどの場合、M&Aは社員にとってもメリットをもたらすものです。社長がそれをきちんと説明をすれば、社員もそのことは理解してくれます。

まず、先に説明したとおり、株式譲渡によるM&Aでは、雇用契約は原則としてそのまま承継されます。株主が変わったからといっていきなり労働条件や待遇を不利益に変更することは原則的に禁止されています（労働契約法第9条）。買い手が上場企業など、大きな会社であればあるほど、コンプライアンスを重視するので、そのようなことはあり得ません。

もちろん、PMIの過程で、部署の統廃合や、細かい社内ルールが少しずつ買い手企業にあわせる形に変わっていくことはありますが、それも既存社員に配慮しながら慎重に進められます。

将来的には、労使交渉を踏まえたうえで待遇が変更されていくことはあり得ますが、これはどの企業でも行われる一般的なことです。ただしその際も、通常、M&Aの買い手は売り手よりも規模が大きな企業であることが多いため、買い手企業のほうが売り手企業よりも、社員への待遇が良いことが一般的です。

そこで、将来的な労働条件の変更においても、もともと条件が良かった買い手会社のほうに寄せられていくことで、売り手会社の社員にとっては条件が良くなっていくことが期待されます。

また、会社の財務的にも買い手のほうが安定した財務基盤をもっていることが通常なので、経営の先行きについても以前より安定する可能性が高くなります。さらに、買い手のほうが事業性が高かったり、シナジーが見込めたりすれば、売り手会社の成長力も向上する可能性が高くなります。待遇面だけではなく業務内容などの面でも、M&A後のほうが充実した仕事がしやすい会社になる可能性が高いのです。

さらに、買い手が上場企業であるなら、そのグループ会社になること、例えば、ソフトバンクグループの一員、GMOグループの一員などになることは、無名の中小企業のままでいるよりも知名度が上がり、一種のステータスを得ることができます。

そういったことを丁寧に説明すれば、社員の不安も払拭できます。また、買い手会社やM&Aの条件などが決定した契約締結後でないと、そういう丁寧な説明もできません。それもあって、社員への説明はM&A契約締結後にしたほうがいいのです。

私が見てきた限り、ほとんどのケースでM&A後、売り手会社の社員満足度は高まっているのが現実です。

M&A仲介会社選びのポイント

本章の最後に、M&A仲介会社を選ぶ際のポイントについても簡単に触れておきます。

現在、M&A市場の活況を背景に、M&A仲介会社も非常に増えています。ところが、数が増えていることに伴って、質のバラツキも大きくなっている実態があります。

私たちのところにご相談にいらしたある会社の社長さんに聞いたのですが、営業に来たM&A仲介会社のアドバイザーに話を聞いてみたら「EBITDA」すら知らなくて驚いた、ということがあったそうです。同業者のことをあまり悪く言いたくはないのですが、本書に書いてある程度の基本知識もない人が「M&Aアドバイザー」を名乗っているような会社もあるようです。

しかし、ネットで検索してM&A仲介会社のWebサイトを見ても、そこには当然いいことしか書かれていませんから、違いはよく分からないというのが正直なところでしょう。そこで以下のようなポイントに留意してください。

ポイント① 会社より「人」を重視する

M&A仲介会社は、株式市場に上場している大手から、個人で動いている小規模なブティック型の会社まで、規模感もさまざまです。大手は、組織力があるため、買い手の情報などを数多くストックしていて、マッチング力が強い傾向があります。

一方、小規模なブティック型が悪いかといえば、一概にはそうともいえません。というのも、そういう仲介会社は、大手でスタープレイヤーだったアドバイザーが独立して起ち上げていることが多いからです。大手会社でもアドバイザーはピンからキリまでいるわけで、ピンの担当者は非常に優秀だけれども、キリのほうはそうでもないということがあります。大手で下位のアドバイザーより、小規模会社のピンアドバイザーのほうが優れていることはよくあります。

つまり、どの会社かということよりも、担当してくれるアドバイザー個人の能力や熱意のほうが重要だということです。

ポイント② たくさんのアドバイザーに会う

そこで、まず時間が許す限り、多くのM&A仲介会社のアドバイザーに会って、話を聞いてみることをおすすめします。何社ものアドバイザーに会っているうちに、アドバイスの背景にある知識や、親切さ、熱意などの基準値がだんだん分かってきます。

アドバイザーとは長期間の付き合いになりますし、さまざまな相談に乗ってもらわなければなりません。他の人には見せたことがないような、会社の「恥部」を見せなければならないこともあります。そのため、能力の優秀さだけではなく、人間的な相性の良し悪しも非常に重要です。そして相性的な部分はどうしても、会って話してみなければ分かりません。そのため、多くのアドバイザーに会うことをおすすめします。

手間や時間、相手によっては若干の費用も掛かりますが、何億円、何十億円という取引をまかせる相手を探すわけですから、多少の手間暇を惜しんではいけません。

ポイント③ こんなアドバイザーには注意

アドバイザー給与は、成功報酬の歩合給が含まれていることがほとんどです。そこで、なかには契約を取りたいがために、常識的に考えてあり得ないような高額の譲渡価格を提示して、「うちならこの価格で売れますよ」などと言うアドバイザーもいます。

しかし、本章を読んでいただければ分かるように、譲渡価格を最終的に決めるのは買い手ですから、「アドバイザーがいくらで売れる」などと断定できるわけがありません。

また、目安を示すにしても、それは理論的に算定された株式価値から大きくかけ離れたものになるわけもありません。何社もM&A仲介会社に話を聞いてみれば分かりますが、各社の示す譲渡価格の目安は大きく違わないはずです。その中で、1社だけ他社と2倍も

3倍もかけ離れた目安を提示している会社があったとしたら、信頼できない会社の可能性が高いでしょう。

また、なかにはすぐに業務委託契約を結ばせようと、前のめりの感じで押してくるアドバイザーもいますが、そういう人も避けたほうが無難でしょう。なぜなら、売り手にとって必ずしもすぐにM&Aをすることが良いとは限らないからです。

少し時間を掛けて、良いタイミングになるのを待ったほうがいい売り手もいれば、そもそもM&Aをせずに、例えば社員に承継させるなど、他のやり方を選んだほうがいい売り手もいます。

そういうさまざまな選択肢を提示して選んでもらう、という落ち着いた姿勢のアドバイザーのほうが、その後もトラブルになりにくいでしょう。

経営者から連続起業家へ――

高額売却の経験を活かし、
新たな〝売れる事業〟を創れ

第5章

M&Aイグジットを実現させれば出会う人も変わる

ここまでは、連続起業のためのM&Aイグジットについて、さまざまな観点から説明してきましたが、M&Aイグジットを成功させただけでは連続起業家にはなりません。その後に再び起業を成功させてこその連続起業家です。イグジット後の新規起業をここでは「第2起業」と呼ぶことにして、本章ではそのポイントを見ていきます。

まず確認しておきたいのは、一度M&Aイグジットを成功させた人は、最初の起業よりも、2回目、3回目の起業でより短期間に、より大きく成功することがよくある点です。その理由の1つ目は、出会う人の種類が変わることによります。

こんな話を聞いたことがないでしょうか?

「まず、あなたの身近にいる人を5人思い浮かべてください。次にその5人のおおよその年収の平均を求めてください。それがあなたの年収です。」

よくいわれることですが、人は自分とだいたい同じような収入や生活環境の人と一緒にいるときに、心地よさを感じます。そのため、自然とそういう人たちが友人関係になるのです。しかしこれは逆にいうと、そういうコミュニティにいる限り、自分の年収も変わらない、ということです。

M&Aイグジットで対価を得た起業家は、多くの場合、自然にそれに見合った人たちのコミュニティに参加、所属するようになります。そこで、それまでとは違った人々と出会い、新しい刺激が得られたり、目標とすべきロールモデルが見いだされたりします。

例えば、普通の会社員だった人が起業して10年かけてM&Aイグジットして、10億円の対価を得たとします。そのときには「自分はすごい。よくやった」と得意な気持ちになるでしょう。確かにほとんどの会社員の生涯年収よりも多くの現金を得られたのはすごいことです。しかし、世の中には「10億円しか持ってないの?」と思われてしまうようなコミュニティもあります。そういうコミュニティに属することで、新たな発見や刺激が得られて、次の目標が設定されることが、より大きな成功へ近づく道となります。分かりやすくお金を例に出して説明しましたが、お金だけではなく、お金を得たことにより高い社会貢献意識をもっていたり、よりグローバルな視座を行動の指針としていたりする人との出会いによって、また自分自身も刺激を受けブラッシュアップされていくのです。

また、それとは別に、ビジネス面においても、一度M&Aイグジットを成功させた起業家であるという評価が広まれば、その事業能力を高く買ってくれるさまざまな人たちとの出会いが広がります。第1章でも述べたように、M&Aイグジットを実現したというブランドが、多くの人や情報を自然と寄せつけるようになります。

例えば、オープンイノベーションや直接投資による新規事業創出を考える企業、ベンチャー投資を目論むベンチャーキャピタルやエンジェル投資家、さらには共同での新規事業起ち上げのほか、さまざまな協業を求める起業家や起業家予備軍等々です。

それまでには出会えなかった人たちとの出会いのなかから、

「こういう事業を考えているのだけど、共同経営でやってみませんか」

「私たちの会社では、今度この分野への進出を考えているので力を貸してもらえませんか」

「あなたが新しい事業を始めるなら、ぜひ出資させてください」

「海外ではこういうビジネスが流行し始めているので、これを日本に輸入してくれませんか」

といった話もどんどん入るようになってくるのです。

一点注意しなくてはならないのが、M&Aイグジットにより大金を得ると前述の「イイ人たち」ばかりではなく、「ワルイ人」も寄ってくる点です。一言に「ワルイ人」といっても様々な種類がおり、「イイ人」と混在していることが難しい点です。

親切な顔をして資産運用の重要性を説いてくる営業マン、経験則ではこれには「イイ人」も「ワルイ人」も混在しているので見分けが付きにくいものです。また、新規事業やベンチャーキャピタルを一緒に起ち上げましょうという誘いも、玉石混交の典型例です。最近でも、真相は分かりませんし、ひとりひとりは「ワルイ人」ではなさそうですが、有名経営者と有名スポーツ選手等が集まって起ち上げられたベンチャーキャピタルが空中分解しました。さらには、M&Aイグジットした人からお金を巻き上げようと、出資や融資の依頼をしてくる起業家や起業家予備軍は後を絶たないといえます。

M&Aイグジットをした人に数年後に話を聞くと、「資金が残っていない」「資金がかなり目減りした」という話は枚挙にいとまがありません。このような事態を防ぐためにも、「ワルイ人」も寄ってくるのだという心構えと準備が必要です。

このようにM&Aイグジット後に注意しなくてはならないポイントはあるものの、豊富なネットワークが形成され、さまざまな有益な情報、経営資源やチャンスを得られることが、第2起業が成功しやすい大きな理由の一つなのです。

豊富な自己資金が連続起業の成功を加速させる

第2起業が成功しやすいもう一つの理由は、いうまでもなく、イグジットによって得られた豊富な自己資金が活用できることです。

豊富な資金があれば、同じ事業をやるのにも、最初から規模を大きく実行できるので、起ち上がりのスピードが加速します。1回目の起業では10億円の会社をつくるのに10年かかっていたのが、3年でできるようになるということです。

また、よりリスクの高いイノベーティブな事業にもトライしやすくなるということもあります。

スタートアップ企業は、シードステージやアーリーステージでは赤字で推移することが珍しくありません。資金的な余裕がなければ事業が続けられないので、融資やVCからの出資を得ることになりますが、必要な金額がいつでも手当てできるとは限りません。

また、融資は金利を乗せて返済しなければならないので、収益の圧迫要因になりますし、出資は企業運営や将来的なM&AイグジットやIPOなどを目指す場合に、制限となる可能性が含まれます。さらには、融資にしても出資にしても、資金の出し手はステークホルダー（利害関係者）であり、その意向を完全に無視して、自由に経営を進めることはできません。カネを出されれば、口も出されるのです。

例えば、これまでにない革新的なプロダクトのシーズがあったとして、「長期的に見て市場が形成されれば爆発的な収益が得られるはずだが、それまではある程度の期間赤字とならざるを得ないし、市場が形成されない失敗のリスクもある」といった事業は、通常の融資を元手にしていては、長期間継続できないかもしれません。

一方、Ｍ＆Ａイグジットで得た資金を元手にして、ある程度の額を自己資金で事業運営をしているなら、赤字が続いてもブレーキをかけずにアクセルを踏み続ける企業運営が可能になります。新規事業がイノベーティブで、その反面リスクが高い性格であればあるほど、制約のない自己資金をどれだけ投下できるかが成功の可能性を高めるのです。

イグジットブランドをベースとしたネットワークの形成、そして豊富な自己資金。これが、２社目以降の連続起業を大きく成功させやすい理由です。

Ｍ＆Ａイグジットは、最初の起業ではなし得なかったより大きな成功へのパスポートだといえるのです。

いつ、どんな事業で第2起業をするのか

第2起業をいつから準備して、いつ実行するのか、それは起業家によってさまざまです。第2章に登場いただいた田島氏は、M&Aイグジット後にすぐにグローバルを目指したチョコレートビジネス「CACAOCAT」の起業準備を進め、それからわずか2カ月後には1号店を東京・白金台に開店するまでこぎつけています。

このスピードで第2起業が実現できたのは、田島氏が前職のときに、一度グローバル展開(中国進出)に失敗していたという背景があります。田島氏は、その反省から、グローバル展開を前提としたビジネスとしてのチョコレートビジネスの構想を、すぐに練ることができたわけです。そして、企業経営やM&A等によって多くの武器が得られ、早期にその構想の実現に動けることができたというわけです。

田島氏のようにM&Aイグジット後すぐに新規事業の構想を練る起業家もいれば、前職に在職中から構想を練る起業家も少なくありません。その一方で、骨休めもかねて、数カ月から1年程度、世界旅行などをしながら知見や人的ネットワークを広げて、その中で次のビジネスの構想を練る起業家もいます。

また、多くの起業家は、最初の起業の周辺領域で第2起業をします。M&Aイグジット時の契約には、競業避止義務が含まれているため、同一領域での起業は数年間できません。そこで、競業避止義務に抵触しない周辺領域を選ぶ起業家も多いのです。

なかには一見関係ないジャンルでの起業に見えても、その基底に同一の関心があるということもあります。第2章で紹介した、デザイナーズホテルを準備している連続起業家は、アパレルや美容院、ホテルと一見無関係に見える領域での起業を繰り返していますが、そこには「アート」という共通軸がありました。こういった軸をもっている起業家は、領域の可能性が広がるので、起業のネタを探しやすい面があるでしょう。業種、業態などから発想するのでなく、関心の軸から発想するのもいい方法です。

会社を買えば、最短で新規事業をグロースさせることも可能

M&Aを成功させた起業家には、M&A仲介会社や金融機関などから、「こういう会社、事業があるのですが、買いませんか」という話がたくさん寄せられるようになります。

ゼロから第2起業をするのではなく、イグジットで得た資金で事業や会社を買うこと

も、連続起業家への道の一つです。

M&A買収のメリットは、ゼロから起業するよりも速くグロースできることや、同時に複数の事業をいくつも起ち上げられることです。

失敗リスクも高い小さなベンチャー系の事業をいくつか買って、大きく成功させることを狙うVC的なM&A買収もあれば、経営管理が良くないために業績不振になっている会社を安く買って、自分で経営を改善して立て直すという企業再生的なM&A買収もあります。

さらには、それらの企業が成長したら、再びM&Aイグジットして、キャピタルゲインを得ることを繰り返すこともできます。

いくつもの企業や事業を起ち上げたり、買ったりしていると、自分がすべてを管理することは物理的にできなくなります。そこで、だんだん、出資だけして自分では経営には関与せず、社長は他の人にやってもらうという立場になってきます。つまり『金持ち父さんのキャッシュフロー・クワドラント』でいう、I（投資家）の立場になっていくということです。

そうなると、いわゆる「お金がお金を生む」状態になり、雪だるま式に資産が増えていくようになります。

「タイムリッチ」になれば次のビジネスの構想を練ることもできる

新たなビジネスの構想を練り、事業を起ち上げる。そしてまた新たな構想を練り……このように連続起業家は常に次のビジネスについて考えています。しかし、時には立ち止まることもあるのかもしれません。

第2章で紹介した海山氏は、連続起業で雪だるま式に資産を増やすなか、どこかの一定地点にまで資産が達したら家族とゆっくりとした時を過ごしたいと考えているようです。私の会社でサポートしてM&Aイグジットした30代の経営者も、サラリーマンの生涯賃金の10倍程度の資金を獲得し、現在は海外で趣味のスポーツを悠々自適に行っています。また、同じく私の会社でサポートした60代の経営者は、これまでなかなか時間を取れなかった奥さまとの時間を取り戻すべく、世界中を旅しているようです。

彼らが今後ビジネスの世界に返ってくるかは分かりませんが、人生で多くの時間を捧げることになる労働から解放され、働かない自由＝タイムリッチとなりました。

このようにM&Aイグジットで豊富な資金を得ることができれば、ビジネスの世界から一線を置いて時間を過ごすこともできますし、そのなかで次のビジネスの構想を練ることもできます。これまでなかなか時間が取れなくてできなかった体験や人との出会いによって生み出される新たな発想、タイムリッチであるからこそ生まれるビジネスもあることから、M&Aイグジット後に少しゆっくりしてみるのも悪くないでしょう。

しかし、もしあなたが生粋の起業家であるならば、必ずビジネスの世界に戻ってくると断言できます。なぜなら、ゆっくりとしたストレスのない生活には刺激が少なく、物足りなさを感じるためです。

ビジネスで味わった快感は、ビジネスでしか満たせない、ということです。

おわりに

「成金」と「地主」と聞いたとき、あなたはどちらに良いイメージを思い浮かべるでしょうか?

私はだんぜん、成金が良いと考えています。

成金とは、もともと、将棋に由来する言葉です。将棋で最も弱い駒である「歩」が、相手陣地に入ることで強い駒である「金」に「成る」(駒を裏返して違う駒として扱う)ことを表しています。そこから転じて、普通の人が短期間で成功してお金持ちになること、あるいはそうなった人が「成金」と呼ばれるようになりました。

日本では、この成金的な成功者に対して良くないイメージをもつ人が多いようです。一方、代々続いてきた「地主」に対しては、地域社会を昔から守っている中心人物といった、悪くないイメージをもつ人が多いようです。

もちろん、地主の人が土地を守るためには、いろいろな工夫や努力をしているでしょう。しかし、それは今あるものを減らさないという守備を中心とした考え方です。

一方、成金は、今あるものを、何倍、何十倍に増やそうという攻めを中心にした考え方と、リスクを取った積極的な行動により、成功をした人です。

私は守りによって現状を維持している地主よりも、攻めた行動で資産を増やしている成金のほうがずっとすばらしいと思っています。それは、個人の才覚や努力によって、だれでも勝ち取れる可能性があるものだからです。

ところが、日本では、そういう成功者に対して、いわゆる「ひがみ、ねたみ」の心理から足を引っぱって引きずりおろそうとする人が後を絶ちません。そこまでいかなくても、成功者を素直に賞賛するという文化があまりありません。よくいわれることですが、欧米では成功者を素直に賞賛して、自分もそれを目指すという文化がありますが、日本では成功することよりも、周囲に同調して、和を乱さないことのほうが重視されがちなのです。なまじ人より成功するような人間は、和を乱す邪魔者扱いされかねません。実際にM&Aイグジットした経営者の多くは、M&Aでいくら手に入れたのか秘匿する、なるべくなら人に話したくないと考えています。もちろん広く公にペラペラと話す必要はありませんが、仲のいい仲間内に対しても話さないもしくは実際よりずっと低い金額で話す光景を何度も見てきました。

このあたりが、成金に対して批判的に見る気持ちの裏付けでしょう。

それでも、かつては、その集団主義がプラスに作用して日本に高度経済成長をもたらしました。みんなが同じようなことをしていれば、同じように豊かになっていったのです。

そこではあえて成金を目指す必要はありませんでした。

ところが、今は違います。本文中でも何度か指摘していますが、この30年間、日本経済はほとんど成長していません。さらに、人口減少が本格化していく今後は、あらゆる国内市場が縮小していきます。

その大きな流れのなかで、みんなが同じようなことをしているのは、みんなで仲良く貧しくなっていくということに他ならないでしょう。

そういう状況を打破するためには、革新的な技術やアイディアで新しいビジネスを興し、新産業を盛り上げていく起業家がどんどん出てこなければなりません。そして多くの起業家が輩出されるためには、周りと違う行動をして、リスクを取ってチャレンジすることを肯定的に評価し、それで成功して成金となった人はさらに大きく褒め称えられるような文化が形成されなければならないでしょう。

連続起業家が注目を集め、M&Aイグジットを目指す若手起業家が増えていることは、その意味からも大変すばらしいことだと私は思っています。

ぜひ多くの人に連続起業にチャレンジしていただき、個人的な成功をつかむとともに、日本経済を盛り上げていってほしいと願います。

本書がそのために少しでもお役に立てたとしたら、著者として望外の喜びです。

【著者プロフィール】

牧田 彰俊(まきた あきとし)

株式会社すばる 代表取締役
牧田公認会計士事務所 代表
株式会社保険のすばる 代表取締役会長
公認会計士。有限責任監査法人トーマツ入所、各種業務の法定監査、IPO支援に携わる。その後、ファイナンシャルアドバイザリーサービス部門にてM&Aアドバイザリー業務・財務デューディリジェンス業務・企業価値評価業務等に従事。組織再編によりデロイト トーマツ ファイナンシャルアドバイザリー合同会社に異動し、主に国内ミドルキャップ案件のM&Aアドバイザリーとして、豊富な成約実績を収める。
2018年、これまで以上に柔軟に迅速に各種ニーズに応えるべく株式会社すばるを設立。2019年、M&Aクライアント企業やオーナーへのサービスライン拡充として株式会社保険のすばるを設立し、現在に至る。
2020年、新たな層の獲得のためYouTuber「M&Aの殿堂すばる」としても活動中。

本書についての
ご意見・ご感想はコチラ

シリアルアントレプレナー
連続起業家

2021年4月26日　第1刷発行

著　者　　牧田彰俊
発行人　　久保田貴幸

発行元　　株式会社 幻冬舎メディアコンサルティング
〒151-0051　東京都渋谷区千駄ヶ谷4-9-7
電話　03-5411-6440（編集）

発売元　　株式会社 幻冬舎
〒151-0051　東京都渋谷区千駄ヶ谷4-9-7
電話　03-5411-6222（営業）

印刷・製本　瞬報社写真印刷株式会社
装　丁　　後藤杜彦

検印廃止
©AKITOSHI MAKITA, GENTOSHA MEDIA CONSULTING 2021
Printed in Japan
ISBN 978-4-344-93236-4 C0034
幻冬舎メディアコンサルティング HP
http://www.gentosha-mc.com/

※落丁本、乱丁本は購入書店を明記のうえ、小社宛にお送りください。
送料小社負担にてお取替えいたします。
※本書の一部あるいは全部を、著作者の承諾を得ずに無断で複写・複製することは禁じられています。
定価はカバーに表示してあります。